멘토르(Mentor)는
그리스신화에 나오는 오디세우스의 친구입니다.

오디세우스는 트로이 전쟁에 출정하면서
아들 텔레마쿠스를 친구인 멘토르에게 맡깁니다.

이후 멘토르는 엄격한 스승이며 지혜로운 조언자,
때로는 아버지로서 필요한 충고와 지도를 하여
텔레마쿠스를 강인하고 현명한 왕으로 성장시켰습니다.

오늘날 멘토 또는 멘토르는
충실하고 현명한 조언자 또는 스승이라는 의미로
쓰이고 있습니다.

멘토르출판사는
독자 여러분의 인생에 좋은 길잡이가 되는 책을
만들고자 늘 노력하겠습니다.

스무 살의 롤 모델

9명의 그녀들이 말하는
나의 꿈 · 나의 일

스무 살의 롤 모델

박은몽 지음

멘토르

스무 살의 롤 모델

- 9명의 그녀들이 말하는 나의 꿈, 나의 일

초판 1쇄 발행 | 2010년 8월 13일

지은이 | 박은몽
펴낸이 | 정연금
펴낸곳 | 멘토르

기획 · 편집 | 전정아 · 여성희
마케팅 | 이운섭 · 나길훈
경영지원 | 이동영

내용문의 | mentor@mentorbook.co.kr

등록 | 2004년 12월 30일 제302-2004-00081호
주소 | 서울시 마포구 서교동 366-10번지 창원빌딩 3층
전화 | 02-706-0911
팩스 | 02-706-0913

ISBN | 978-89-6305-060-7(13320)

그녀에게 유리구두는 없었다

나는 모든 것을 다 갖추고 시작한 사람의 성공에는 관심이 없다. 행운의 결과로 얻은 우연한 성공에는 더더욱 관심이 없다. 부유한 집안에서 시작하고 운 좋게 풀려서 성공한 사람들의 이야기는 나와는 상관없는 '그들만의 리그'일 뿐이다. (정말 다행스럽게도 세상에는 그런 사람들만 있는 건 아니다.)

그런 사람들보다는 오직 꿈과 열정으로 자신의 성공을 이뤄낸 사람들의 생생한 이야기를 나는 더 사랑한다. 이 책에 나오는 '그녀들'처럼 말이다. 그녀들은 이렇게 말한다.

"내 꿈에 다른 선택은 없었어요. 오직 하나, 그것만을 향해 달려왔죠."
"밖에서 볼 때는 굉장히 화려한 직업 같지만 안에서는 날마다 워커홀릭이에요!"

"처음 몇 년은 정말 밑바닥 생활이에요. 그걸 견뎌내야 비로소 정상
에 설 수 있죠."
"나의 일이 나를 깨어 있게 합니다."

　나는 독자들에게 보다 구체적이고 실질적인 메시지를 전하기 위해 젊
은 여성들이 관심을 많이 보이는 9개의 직업군을 뽑아, 그 분야의 대표
적인 롤 모델들을 인터뷰해나갔다. 그녀들은 모두 자신의 분야에서 왕성
하게 활동하고 있는 프로페셔널한 여성들이다. 이들의 이야기를 통해 독
자들은 생생한 직업의 현장을 엿볼 수 있을 것이다.
　직접 만나 본 그녀들은 한결같이 자신의 일을 사랑하고, 일하는 그 순
간을 사랑하고, 일을 통해 얻는 성취감과 인정, 만족감을 사랑하는 사람
들이었다. 그 자체가 반은 성공이다. 더구나 그녀들은 자신의 분야에서
독보적인 입지를 굳힌 신데렐라의 모습을 하고 있었다. 이것이 나머지
반의 성공이다. 그런데 우리는 두 번째 성공만을 동경하고 처음 절반의
성공은 잊고 사는 건 아닐까?
　나는 이 책을 통해 크게 두 가지를 이야기하려고 한다. 첫째는 막연한
꿈을 좇지 말고 자신이 사랑할 수 있는(그것도 평생토록 사랑할 수 있는) 구

체적인 자신의 직업을 찾으라는 것이다. 이러한 일을 찾는 것만으로도 절반은 성공한 셈이다.

둘째는 자신의 분야에서 성공하기 위해 유리구두를 꿈꾸지 말라는 것이다. 동화 속의 신데렐라는 유리구두를 통해 행복을 거머쥐었는지 모르지만, 현실 속의 신데렐라는 유리구두를 신고선 절대로 성공할 수 없기 때문이다.

나를 먹여살릴 구체적인 일을 찾아라

"어떻게 살고 싶냐?"

평소 나는 이런 질문을 많이 던진다. 요즘에는 이런 대답이 많이 돌아오곤 한다.

"간지나게 살고 싶어요!"

누군들 간지 없게 살고 싶겠는가. 나도 정말 간지나게 살고 싶다. 그러나 간지 있게 산다는 말은 너무 추상적이지 않은가?

너도 나도 꿈을 가지라고 말한다. 그래, 꿈은 좋은 거다. 또 꿈은 클수록 좋다고 말한다. 그래, 클수록 더욱 원대한 미래를 향해 나아갈 테니 클수록 좋을 거다. 그렇다고 우리 모두가 김연아를 꿈꾸고, 우리 모두가 스티브 잡스가 되겠다고 나설 수 있는가? 우리가 성공한 사람들을 롤 모델 삼아 배워야 할 것은 "그들이 성공하기까지 얼마나 열정적으로 노력했는가?"일 뿐 모두가 김연아가 되고 스티브 잡스가 될 수는 없다.

우린 오랫동안 무수하게 많은 꿈을 꾸었다. 이렇게 살고 싶고, 저렇게 되고 싶고 등등의 꿈을 가슴에 품어 왔다. 하지만 모두가 너무 추상적인 것들뿐이었다. 주위를 둘러보면 자신이 앞으로 무슨 일을 할 것인지, 즉 직업에 대해 분명한 목표의식이 있는 사람이 드물다. 막연히 보편적인 스펙 쌓기에 바쁠 뿐이다. 그렇게 추상적인 꿈에만 가슴을 송두리째 내어주고 시간을 보내다가 어느새 우리는 참혹한 현실과 마주하게 된다. 일자리를 구하기 힘든 이 불완전한 사회의 현실 말이다.

꿈이라는 건 막연히 취미생활을 구하는 게 아니라 현실 속에서 내 삶을 오래도록 지탱해줄 그 무엇이다. 그러니 저 멀리 하늘에 반짝이는 찬란한 태양이 아니라 나의 오늘을 생생하게 채워줄 그 무엇이어야 한다. 그래서 이렇게 자신에게 물어야 한다.

"나는 앞으로 수십 년 동안 무슨 일을 해서 먹고살 것인가?"

막연히 꿈을 가지려고, 열정을 품으려고 애쓸 게 아니라 자신의 분명한 직업을 선택한 뒤 그에 필요한 노력과 그에 필요한 스펙을 쌓아야 한다. 그 일이 어떤 일인지, 그 분야에는 어떤 롤 모델이 있는지, 그 분야에서 성공하기 위해서는 어떤 자질이 필요한지 등에 대해 구체적인 정보를 가지고 체계적으로 접근해가야 한다.

유리구두를 꿈꾸지 마라

이 책에 나오는 여성들은 젊은 여성들이라면 모두가 한 번쯤 꿈꿔보는 화려한 직업을 가지고 성공한 이들이다. 그녀들은 방송작가, 방송아나운서, 스타일리스트, CEO, 명품 브랜드 MD, 글로벌 기업의 임원, 파티플래너, NGO의 국제개발 활동가, PD 등의 쟁쟁한 직업을 가지고 있다. 많은 사람들이 동경하는 일이다. 그 직업을 가지면 돈도 많이 벌고, 혹은 연예인들도 많이 접할 수 있고, 혹은 남들에게 대우 받고, 혹은 멋있어 보여서… 등등의 이유 때문인지 모른다.

우리는 흔히 잘나가는 직업을 선택하고 그런 직장에 들어가면 처음부터 평탄하게 살 수 있으리라 생각하지만 실상은 전혀 그렇지 않다. 아무리 화려하고 조건 좋은 직업이라 하더라도 그 분야에서 자리를 잡기 위해서는 지독하게 서러운 초짜 시절을 거쳐야 한다. 세상에 쉬운 일은 없으니까 말이다. 지금 신데렐라로 보이는 그녀들에게도 유리구두는커녕 맨발로 뛰어다녀야 했던 하녀 시절이 있었다. 밑바닥에서부터 일을 배워나갔기에 지금 '프로'로서 정상에 있는 것이다.

앞으로의 시대는 일과 생활이 따로 있지 않다. 일과 놀이도 따로 있지 않다. 과거에는 생계를 위한 일 따로, 즐거움을 위한 취미 따로였지만 앞으로의 시대는 일과 놀이와 생활이 함께 가야 한다. 나에게 즐거움을 주고, 만족감을 느끼게 하고, 나를 발전시키고, 그러면서도 경제적으로 생활의 근간이 될 수 있는 일을 찾아야 한다. 자신이 가진 달란트에 맞는 직업을 찾고, 그 직업을 통해 자신의 삶과 영혼을 채우고 현실적인 생활을 이끌어가는 것만큼 아름다운 일은 없을 것이다.

간지나게 살고 싶은가?

그렇다면 나를 만족시킬 일을 찾아 분명한 직업관을 갖고 뛰어들어라. 유리구두 신고 폼 나게 걸어갈 생각만 하지 말고 밑바닥부터 맨발로 뛰겠다는 각오로 달라붙어라.

이 책이 혼란스러운 현실 속에서 자기 일을 찾고 있는, 또 찾고자 하는 젊은 여성들이 자기 일을 발견해가는 데 필요한 긍정적인 동기를 부여해주고, 좋은 정보를 제공하는 가이드라인이 되기를 기대한다.

이렇게 긍정의 삶을 이야기할 수 있는 책을 집필하는 기회를 주신 하나님께 감사드린다. 또 바쁜 가운데서도 인터뷰에 응해주신 고은옥, 박남희, 서은영, 선혜윤, 손정은, 윤소영, 임정선, 장문희, 홍수연 등 9분의 롤 모델들께도 이 자리를 빌려 다시 한 번 감사의 말씀을 전한다.

부디 이 책을 읽는 독자들 모두가 숨겨진 자신의 재능을 발휘할 자신만의 일을 찾아내게 되기를, 그리고 그 일에 '올인'하게 되기를 바란다. 그런 행운이 독자 여러분과 함께 하기를!

2010년 여름
박은몽

차례

최초의 여성전문 경호법인
(주)퍼스트레이디의 CEO

고은옥

세상의 소리에 귀 기울이지 마라.
나의 길은 내가 선택한다. 더 넓은 세상을 꿈꾸라.
인생은 늘 새로운 도전이다.
여기서 멈추지 말고 스스로의 한계를 넘어서라.
내 안에는 더 멋진 내가 숨어 있다.

고은옥
1978년생. 태권도 선수, 사설탐정, 경호원으로 활동하다가 2003년 우리나라 최초의 여성전문 경호법인 (주)퍼스트
레이디(www.firstlady112.com)를 설립한 것을 시작으로, 현재 (주)퍼스트레이디 등 5개 법인을 운영하고 있다. 비서
2·3급. 성폭력 상담원, 경비지도사 등의 전문 자격증을 취득하는 한편 경영학 학사, 경호학 석사 과정 등으로 전문
성을 강화하여 대학의 경호스포츠학 겸임교수로 활동한 바 있다. 그 외에도 (사)한국청년경제인연합회 회장, 한나라
당 중앙청년위원, 여성경호인협회 회장, (사)한국경비지도사협회 부회장, (사)한국중소기업협회 이사, 부천청년회의
소 부회장 등으로 활동하고 있다.

"나는 나를 넘어선다,
더 넓은 세상을 향하여!"

19세, 여성 경호원으로 사회에 첫발을 내딛다

언뜻 보면 그녀는 모델 같다. 뚜렷한 이목구비와 170cm가 넘는 훤칠한 키에 늘씬한 몸매, 거기다 찰랑거리는 긴 생머리까지, 그녀가 모델로 보일 만한 이유는 충분하다.

그러나 고은옥, 그녀는 현재 왕성하게 활동하고 있는 젊은 여성 사업가이다. 흔히 남자들만의 영역으로 알고 있는 경호업계에서 그녀는 여성 전문 경호기업인 (주)퍼스트레이디를 포함해 모두 5개의 법인을 경영하고 있다. 여성 경호원에서 기업가로 성장한 것이다.

CEO가 되기까지 그녀의 인생은 치열했다. 남들이 잘 가지 않는 길만 골라서 오늘에 이르렀다. 여성 1호 사설탐정(민간조사원)으로 시작해 여성 경호원으로 활동하는 등 그녀의 삶은 평범함과는 거리가 멀었다. 또 경호업계에서 잔뼈가 굵은 인물답게 태권도 5단, 경호무술 4단, 용무도 4단에 합기도와 검도까지 연마한 무술 고수이다.

"제 왼쪽 손가락 중 마디 한 개는 신경이 죽어 있어요. 흉터도 남아 있고요."

그녀가 손을 펴서 보여주자 조금 실감이 난다. 치열한 경호사업의 흔적인지, 그녀의 왼쪽 손가락 한 마디는 신경이 죽어 있고, 손바닥 몇 군데는 다른 신체 부위에서 살점을 이식 수술한 흉터가 약하게 남아 있다. 크고 작은 상처와 무릎 십자인대 파열 흔적…, 이 모든 게 현장에서 직접 경호를 하던 시절에 얻은 훈장들이다.

어려서부터 운동에 재능을 보여 무술 유단자가 된 그녀는 우연인지 필연인지 사설탐정과 경호의 세계에 발을 들여놓았다. 처음 사회에 발을 들여놓았던 19세, 그때는 모든 것이 막막하기만 했었다.

사설탐정으로 일하던 때는 "뭐 하러 남의 뒤나 캐고 다니냐? 더 나이 먹기 전에 시집이나 가라"고 비아냥거리는 사람들이 많았다. 사설탐정에 대한 사회의 인식도 부족했다. 변호사의 의뢰를 받아서 하는 일인데도 떳떳하지 못한 일이나 하는 사람 취급을 당하기 일쑤였고, 사건 해결에 결정적인 실마리를 찾아도 모든 공은 사건을 맡은 변호사에게 돌아갔다.

그래서 그녀는 경호 일에 관심을 더 가지기 시작했다. 경호업계도 만만치 않기는 마찬가지였다. 젊고 앳된 여성이 경호원이다 보니, "돈 줄 테니 놀다 가라"며 무시하거나 치근대는 남성 고객도 심심찮게 만났다. 무술 유단자인 그녀를 몰라보고 이렇게 까불다가는 한방에 갈 수도 있었을 테지만…. 아직 여성 경호원에 대한 인식이 부정적인 탓에 별별 일을 다 겪었던 것이다.

한번은 건설현장에 500여 명의 경비원을 배치시킨 뒤 업무를 보고 있는데, 정체를 알 수 없는 사람으로부터 무시무시한 협박이 날아왔다.

"철수하지 않고 계속 현장에 있으면 배때기에 칼빵을 내주겠다!"

그러나 그 정도 협박에 겁먹을 그녀가 아니었다. 도망치기보다는 누가 자신을 협박하는지 알아내서 정면대응을 해야겠다고 생각했다. 사설탐정으로 활동했던 실력을 발휘하여 범인을 캐보았더니 같은 경호 일에 종사하고 있는 젊은 남자였다. 정체를 들킨 젊은 남자는 고은옥에게 이렇게 말했단다.

"나보다 어린 계집애가 감히 남자 영역에 들어와서 돈 버는 게 기분 나빴다. 그래서 겁줘서 쫓아버리려고 했다."

새파랗게 어린, 그것도 여자가, 남자 전유물로 인식되는 경호 영역에 들어와 일을 꿰차는 게 미웠던 것이다. 마치 남자들의 밥그릇을 빼앗은 것처럼 말이다. 어디를 가나 나이 어린 여자라는 게 그녀의 약점으로 작용했다.

그러나 그녀는 세상 사람들이 멋대로 약점이라고 규정해놓은 그 한계를 넘어서서 자신의 능력을 증명해보이고 싶었다. 그래서 더욱 악착같이 승부수를 띄웠다. 일에 대한 근성, 그것은 무술을 연마하면서 그녀가 배운 가장 큰 자산이었다.

아가씨라고 얕보지 마라, 세상과 맞짱 뜬 여성 CEO

전문 경호원과 사설탐정으로 일하면서 쌓은 노하우를 바탕으로 그녀는 지난 2003년 국내 최초로 여성전문 경호법인인 (주)퍼스트레이디를 설립했다.

"여성이 경호를 한다고? 남자한테 힘으로 당할 수 있겠어?"

이러한 편견이 가득한 현실이었다. 남자들도 힘들다고 아우성인 경호사업에 여성이 뛰어든다는 것은 어쩌면 객관적으로 볼 때 무모하기 짝이 없는 도전이었다. 그러나 최초의 여성전문 경호법인 (주)퍼스트레이디는 세상을 향한 그녀의 외침과도 같았다. 사업이라기보다는 여성 경호원으로서 또 한 인간으로서 세상의 편견에 맞서 자신의 존재가치를 드러내고 싶었다.

"애당초 사업을 크게 해보려는 꿈은 없었어요. 다만, 여성 경호원으로 활동하면서 힘들었던 게 많았으니까, 그들의 구심점이 되어 그들의 목소리를 대변해줄 조직이 필요하다는 생각에서 시작했어요. 분명한 사실은 '경호'라는 일을 내가 사랑한다는 거였죠."

창업자금을 마련하는 일도 만만치 않았다. 먼저 경호원으로 활동하면서 모아놓은 적금과 보험을 해약했다. 여성가족부에서 창업자금을 지원받는 과정에서도 여성이고 또 미혼이라는 이유 때문에 좌절을 경험해야 했다. 남편 대신 엄마와 언니 두 명의 보증인을 세운 뒤에라야 간신히 자금 지원을 받을 수 있었다. 그런 우여곡절 끝에 창업에 이르렀다.

경호사업, 남들은 모두 연약한 여자가 하기엔 힘든 사업이라고들 했다. 하지만 그녀는 남들이 보지 못하는 가능성을 보고 있었다. 바로 여성의 경호를 여성이 직접 하는, 여성전문 경호라는 블루오션을 개척한다는 전략이었다. 여성 고객은 대부분 여성 경호원을 원했고, 남성 고객조차도 주변에 위압감을 주지 않으면서 표 안 나게 경호를 받을 수 있는 여성 경호를 선호했다. 그러한 잠재수요가 서서히 드러나기 시작하면서 사업에 탄력이 붙을 때쯤 엉뚱한 데서 문제가 발생했다. 믿었던 사람으로부터 배신을 당하면서 사업 전체가 위기에 빠진 것이다.

회사 기밀 공유는 물론이고 통장까지 믿고 맡겼던, 그야말로 회사의 모든 업무를 송두리째 맡겼던 직원이 어느 날 갑자기 회사를 그만뒀다. 그것도 핵심 멤버들을 다 데리고 떠나버렸다.

사무실을 서울로 이전한 지 얼마 되지 않았던 시점, 서로서로 힘을 합해 성장을 이룩하자며 전 직원이 의기투합하던 때였다. 새만금호 건설, 한국의 월드컵 개최, 미군기지 이전 등의 관련 현장에 대한 경호 요청이 쇄도하던 즈음이었다. 게다가 박근혜 대표 피습과 선거 시즌이었던 터라 일은 쏟아지는데 사람이 없어서 버젓이 두 눈 뜬 채로 포기해야 하다니. 그녀는 가슴이 타들어가는 것 같았다.

"인간적으로 신뢰하고 친자매처럼 모든 것을 믿고 맡긴 직원으로부터 철저하게 배신을 당한 거죠. 친자매보다도 더 정을 주고 도와주었는데 감쪽같이 나를 속이고 회사의 모든 기밀과 직원들까지 빼가다니, 분한 마음에 하늘이 노랬어요."

그렇게 도망치듯 회사를 그만둔 직원은 사라진 지 한 달 만에 (주)퍼스트레이디와 똑같은 업종의 회사를 설립했다. 아이템과 사람들을 빼돌려서 동종의 회사를 차린 것은, 고은옥 그녀의 뒤통수를 친 격이었다.

"이대로 눌러앉을 수는 없어. 나를 배신한 네가 나보다 더 성공하는 것은 절대로 용납하지 않겠어. 다시 일어서야 해!"

그녀는 이를 악물었다. 공황 상태가 된 정신을 수습하고 경호직을 수행할 직원들을 다시 뽑아나가기 시작했다. 맨땅에서 다시 시작한다는 각오로 달라붙었다. 아이템도 도용당하고 사람도 잃었으니 처음부터 새로 시작하는 것이나 마찬가지였다.

다행히도 일은 많았다. 여성 경호에 대한 수요가 늘고 시장이 열리고 있는 게 눈에 보였다. 가족처럼 믿었던 직원의 배신을 교훈삼아 마침내 그녀는 위기의 해를 성장의 해로 변화시켰다. 그녀의 사업을 모방하여 설립한 회사는 오래지 않아 힘든 상황에 처했고, 파국에 이르렀다는 소문을 듣게 되었다.

보디가드와의 사랑? 절대 안 되지!

고은옥, 그녀가 현장에서 경호원으로 뛸 때만 해도 고객으로부터 홀대를 당하는 일도 많았다. 최근에는 인식이 달라지고 있지만, 과거에는 경호원이라고 하면 마치 하인 부리듯이 해도 된다고 생각하는 경향이 있었다. 한번은 돈 많은 중년 여성의 의뢰를 받고, 영화에서 하듯이 24시간 밀착 경호를 한 적이 있었다. 그 여성 고객은 당연하다는 듯이 경호원에게 잔심부름을 시켰고, 밤새 술을 마시는 자리에 일부러 여성 경호원을 데려가 세워두기도 했었다.

또 비서를 대하는 태도로 안하무인이었는데, "불 좀 붙여!" "재떨이!" "휴지!" 등 명령조로 말하기 일쑤였다. 경호원뿐만 아니라 주변의 수행원들 모두에게 이런 식이었다. 처음에는 고객이니까 참아보려고 했지만, 시간이 갈수록 도저히 참을 수가 없었던 한마디가 있었다.

어느 날, 하루 종일 전화기를 붙들고 살다시피 하는 의뢰인에게 "바쁘게 사시네요"라고 건넸더니, 그 의뢰인은 경호원들을 무시하는 어투로 "안 그러면 너네들처럼 살아야 하잖아!"라고 답변하는 것이 아닌가. 모욕을 당한 그녀는 의뢰인에게 이렇게 말했다.

"수중에 돈이 떨어져도 사람들이 이렇게 당신 옆에 붙어 있을지 한번 생각해보세요. 돈이 전부는 아니지 않습니까?"

한마디 쏘아붙이고 그녀는 현장을 빠져나왔다. 자신을 수행하는 여러 명의 비서를 홀대하고, 경호를 서는 그녀에게까지 모멸적인 말을 일삼는 의뢰인을 향해 던진 말이었다. 아무리 업무적인 관계라지만 도저히 그런 사람을 경호하고 싶진 않았다.

그러나 세월이 지난 지금 그녀는 그때의 기억을 곱씹는다.

"참 철없던 어린 시절 이야기예요. 그때는 제가 사업을 시작하기 전에 프리랜서 겸 에이전시를 운영하며 경호를 하던 때였어요. 만약 내 사업,

내 고객이었으면 그렇게 쉽게 현장을 떠나올 수 있었을까 싶어요. 아마도 그렇게 못했겠죠."

고객이 내 마음에 드나 안 드나가 중요한 게 아니다. 내가 그리고 나의 서비스가 고객의 마음에 드나 안 드나가 중요할 뿐이다. 이제는 고객만족의 시대도 지나, 고객이 기절할 만큼 감동시켜야 살아남을 수 있는 초경쟁의 시대다.

종종 경호원이 고객의 차를 운전해서 이동시켜야 할 때가 있다. 많은 고객들이 최소한 벤츠 정도의 외제차를 몰고 있는데, 운전 중에 이런 고급차에 흠집이라도 생기면 큰일이다. 실제로 가벼운 접촉사고가 생기는 경우도 간혹 있다. 이 경우 고은옥은 운전대를 잡은 경호원을 대신해 회사 차원에서 모든 책임을 진다. 돈보다는 신뢰와 이미지가 더 소중하기 때문이다.

"의뢰인 대부분이 보험처리를 싫어하세요. 그래서 저희가 현금으로 변상해드리거나 자체 보험처리를 해드리죠! 다만 흠집이 조금 났는데 문한 짝을 통째로 갈아버리면 속은 좀 쓰리죠. 하하하."

물론 험한 고객만 있는 것은 아니다. 매너 있고 점잖은 고객도 많았다. 그녀는 특히 러시아의 고르바초프 대통령이 기억에 남는다고 했다. 몇 년 전 고르바초프 대통령이 영부인 역할을 대신하는 그의 딸과 한국을 방문해 머무르는 동안 그를 최측근에서 경호한 적이 있었다.

"꽤나 권위적이고 딱딱한 성향을 지녔을 거라고 짐작했는데, 직접 겪어보니 굉장히 친절한 분이셨어요." 경호원들 한 명 한 명에게까지도 마주칠 때마다 인사를 건네는 등 상당히 겸손하고 자상한 성품이었다. 그런 개인적인 인품만큼은 본받아야겠다고 그녀는 생각했다. 그런 의뢰인만 있다면 경호하는 일도 재미있을 것 같다.

경호는 장시간 동안 고객과 함께 있기 때문에 고객의 성향에 따라 많은 영향을 받을 수밖에 없다. 그러다 보니 잘 맞지 않는 고객을 만나면 감정적으로 화가 날 때도 있지만, 반대로 고객과 사랑에 빠지는 경우도 종종 있다. 더구나 젊디젊은 여성 경호원이 남성 고객을 만나 하루 종일 밀착 경호를 하는 경우도 많으니 말이다.

"한번은 직원 한 명이 남성 고객과 연인 사이가 되어 경호를 소홀히 하게 된 적이 있었죠. 덕분에 대기업에 위약금을 물어줄 수밖에 없었죠. 그런 일을 교훈삼아 의뢰인과 사적인 감정에 빠져서는 안 된다는 걸 늘 강조하곤 하죠."

경호의 현장은 냉철한 이성과 판단력, 그리고 집중력이 요구되는 살벌한 곳이다. 아주 작은 실수가 치명적인 결과를 가져올 수 있다. 그렇기 때문에 좋은 감정이든 나쁜 감정이든 감정을 최대한 절제하고, 오직 경호에만 신경을 집중해야 한다. 고객에게 화를 내는 것도 절제해야 하지만 의뢰인과 사랑에 빠지는 것도 절대 금물이다.

또 한 가지 그녀가 직원들에게 강조하는 게 있다. 의뢰인의 비밀을 절대로 누설해서는 안 된다는 것이다. 경호원은 의뢰인의 바로 곁에서 일하는 까닭에 의뢰인과 관련된 거의 모든 것을 알게 된다. 사업적인 비밀, 가족사에서부터 심지어 범죄의 정보까지 알 수 있다. 그러나 경호원은 그런 비밀을 끝까지 지켜야 한다.

"후세인의 은신처도 그의 경호원이 발설하는 바람에 탄로가 났다고 해요. 그 경호원은 자신의 양심에 충실하여 사회적으로 의로운 일을 했는지는 몰라도 경호원으로서는 실격인 셈이죠."

이처럼 그녀의 사업의 반은 가족처럼 아끼는 직원들을 보다 전문적이고 신뢰할 수 있는 경호원으로 키우는 데 집중되고 있다. 그녀 스스로 험난한 경호 현장을 거쳐온 경호원 출신이기에 속속들이 어드바이스하고 가르칠 수 있다. 가르친다기보다는 같은 일을 하는 끈끈한 동지애가 바탕에 깔린다. 자신이 가장 잘 아는 사업 아이템을 택하는 것도 사업을 성공적으로 이끄는 한 요인이다.

기다리면 불붙는 기회가 온다

그녀의 사업이 대중화되기 시작한 계기는 2004년 홈쇼핑을 통한 마케팅이었다. 특권층의 전유물로만 알고 있던 경호라는 고정관념을 깨고 '생활경호 상품'을 패키지화하여 홈쇼핑에 내놓았던 것이다. 1시간 만에 1억 9,800만 원이라는 매출을 올렸을 뿐만 아니라, 경호 상품에 대한 인식 개선과 홍보를 통해 사업에 커다란 견인차가 되었다.

또 사회가 점점 복잡해져서 범죄가 늘어나자 사업은 더욱 호황을 누리기 시작했다. 특히 최근 들어 각종 성범죄와 유괴사건이 급증하자 경호에 대한 관심들이 부쩍 늘어나고 있다. 몇 년 전 안양초등학생 유괴사건이 알려지자 안양 지역 부모들의 경호 의뢰가 급증했다. 강호순 연쇄살인사건이 드러나자 퇴근이 늦는 전문직 여성들의 경호 의뢰가 또한 늘어났다.

안타깝지만 사회가 복잡해질수록 범죄 건수가 증가하고 수법도 더 악랄해지기 때문에 시민들의 경호에 대한 수요가 늘어날 수밖에 없다.

"우리 아이가 00사립초등학교에 다니는데요. 등하교 때 경호해줄 사람이 필요해요."

"헤어진 남자친구로부터 스토킹을 당하고 있어요. 신변보호 좀 해주세요."

"매일 같이 야근이에요. 늦은 퇴근 시간에 경호해줄 사람이 필요해요."

"남자 경호원 말고요, 위압감을 느끼지 않을 수 있고 남들이 봤을 때 경호원을 고용했다는 걸 눈치 채지 못하도록 여성 경호원을 보내주세요."

(주)퍼스트레이디에는 이런 전화가 수도 없이 걸려온다. 갈수록 세상이 험악해지고, 최근 들어 연쇄살인도 많아지다 보니 불황 속에서도 퍼스트레이디는 호황을 누리는 것이다. 여성을 대상으로 한 범죄가 많다 보니 여성 스스로 자신을 어떻게 보호할 것인가에 대한 자문을 해달라는 요청도 많다.

사업가는 돈이 아니라 사람을 따라가야

　사업에 성공하려면 인맥관리를 잘해야 한다는 것은 이미 기정사실이다. 사업뿐만 아니라 모든 사회생활의 상당 부분이 인맥관리의 성패에 달려 있다고 해도 과언이 아닐 정도다. 고은옥의 인맥관리는 핸드폰에서부터 시작한다. 그녀는 번호 저장 용량이 큰 새 모델이 나올 때마다 핸드폰을 바꾼다. 한번 본 사람이라도 꼭 번호를 핸드폰에 저장해두고 관계를 만들어가기 때문에 그녀의 핸드폰 번호 저장은 늘 만원이다.

　"저는 사업에서 '인맥'의 중요성을 많이 느껴요. 저희 회사가 고르바초프 대통령을 경호한 것이나 톰 크루즈를 경호한 것도 모두 인맥을 통해 의뢰를 받은 것이었죠. 제가 직접 고르바초프 전 대통령을 알거나 톰 크루즈와 아는 사이였을 리는 없잖아요. 한국에서 그들의 방문과 행사를 진행하는 측과 제가 맥이 닿아 있었기에 의뢰를 받을 수 있었던 거죠. 당연히 고르바초프나 톰 크루즈를 경호한 이후에 사업도 더 번창했고요. 그게 다 폭넓은 인맥 덕분이었죠."

　이처럼 사업에 있어서는 인맥이 결정적이다. 그녀는 인맥이 거저 생기는 게 아니라고 말한다. 그녀는 사람들이 많이 모이는 세미나, 컨퍼런스, 모임 등을 부지런히 쫓아다니며 항상 발품을 팔고 있다. 만나는 모든 사람의 기억에서 지워지지 않는, 꼭 입력해서 남기고 싶은 그런 사람이 되고자 노력하면서.

　또 경호사업은 훌륭한 경호원들이 많아야 성공할 수 있는 사업이기 때문에 직원관리에도 심혈을 기울인다. 사업 초반에 직원으로부터 배신을 당한 아픔을 겪기도 했지만, 역시 사람과의 관계는 믿음에서 비롯된다는 생각은 지금도 변함이 없다.

또 여성 CEO라는 점도 장점으로 작용할 때가 있다. 그녀는 아무리 바쁜 와중에도 고객들의 생일, 기념일에서부터 크고 작은 일에 대한 위로까지 잊지 않으려고 노력한다. 여성이기에 더 섬세하게 챙기고 배려할 수 있는 부분이 많은 것이다.

"큰돈이 들어가는 일도 아니고 크게 수고를 해야 하는 일도 아닌데, 사람들은 의외로 작은 정성에 큰 감동을 받고 저를 기억해주는 것 같아요. 남성들 방식을 따라 하기보다 이러한 여성성을 살린다면 더 유리한 면이 많다는 것을 사업하면서 깨닫게 되네요. 그리고 힘든 업계에서 여자가 열심히 뛴다면서 자진해서 도와주려는 분도 많이 생기구요."

인맥의 중요성은 새삼 다시 강조할 필요도 없다. 그러나 수많은 사람들이 현장에서는 다시 인맥의 중요성을 잃고 자기 혼자 열심히 해보려고 하거나, 중요하다는 것을 알면서도 어떻게 해야 하는지 알지 못한 채 우왕좌왕하며 시행착오를 하는 경우가 많다.

고은옥은 술, 골프 등 무조건 남자들의 영업 방식을 따라 하기보다 자신의 성격이나 상황에 맞는 나름대로의 노하우를 개발하는 게 좋다고 조언한다. 술, 골프 같은 것을 많이 하지 않고도 사업을 잘하고 있는 여성들이 많이 있다는 것이다. 자신이 남보다 잘할 수 있고, 그리고 지속적으로 할 수 있는 인맥관리 노하우를 개발하고 쌓아가야 한다.

나는 갈망한다, 더 넓은 세상을

"전 일에 미쳤었어요. 물론 지금도 그렇지만요. 결혼도 연애도 생각할 겨를이 없었죠. 또 제 주변에 있는 결혼한 여성 선배들을 보면서 안타까울 때도 많았고요. 정상적인 가정이 있는 경우 맘껏 일하지 못하는 것을 많이 봤거든요. 맹렬하게 활동하는 선배들은 대부분 독신이거나 돌싱(돌아온 싱글)이거나 사별한 경우였죠. 그래서 더 결혼이나 연애에 대한 관심이 적었는지도 몰라요."

그녀가 일에 파묻혀 살아온 덕분에 (주)퍼스트레이디는 창업한 지 몇 년 만에 직원 수는 10배 이상 늘었고, 매출 역시 수십억 원대에 이르렀으며 지금 현재도 급성장하고 있다.

그뿐만 아니라 여성전문 경호법인이라는 분야를 넘어 남성 경호원들을 주축으로 한 '(주)퍼스트시큐리티'를 설립해 언니와 함께 운영하고 있다. 거기에다 건설업인 (주)퍼스트산업개발, (주)퍼스트조경개발 및 엔터테인먼트 사업까지 병행하며 퍼스트그룹을 출범시켰다.

그녀는 이 모든 발전이 자신을 도와준 직원들과 지인들 덕분이라고 말한다. 그녀의 재산목록 제1호는 직원들이다. 믿었던 직원의 배신과 회사 돈을 현장에서 횡령해서 달아난 사건 등을 겪으면서 사람에 대한 신뢰에 상처 받고, '정'이 아니라 조직관리를 통해 직원들을 관리하는 방법도 터득했지만, 여전히 그녀의 경영 스타일은 '인간'이 중심이다.

또한 여성전문 경호기업으로서는 선례가 없어서 처음에는 어떻게 사업을 해나가야 하나 막막했는데, (사)한국여성벤처협회나 여성경제인협회, 전문직여성연맹 등에서 만난 선배 사업가들의 조언이 큰 도움이 되었다고 강조한다. 역시 인맥의 중요성을 다시 한 번 실감할 수 있는 대목이기도 하다. 또한 그녀는 감성적인 마케팅을 통해 틈새를 노린다.

"우리 의뢰인들은 신변의 위험을 염려하거나 심각한 가해를 당한 경험이 있는 사람들이 많아요. 그래서 단순히 신체적인 보호뿐만 아니라 심리적인 치유와 안정까지 가능해야 한다는 게 제 생각이고, 또 저의 사업방침이기도 합니다."

날로 다양해지는 고객의 요구에 즉각

적으로 대응하고, 다른 경호업체와 차별화된 서비스를 제공하기 위한 것이다. 현재 국내에 3,500개가 넘는 경호경비업체가 있는데, 그중에서 살아남으려면 남과 다른 퍼스트레이디만의 경쟁력을 가져야 하기 때문이다. 의뢰인의 신변보호는 물론 심리적인 안정, 법률자문, 사무보조 등에 이르기까지 가능해야 남들과 다른 경호서비스를 제공할 수 있다는 것이 그녀의 지론이다.

그러기 위해 그녀가 역점을 두고 있는 것은 직원, 즉 경호원 교육이다. 무술교육은 물론 다양한 전문성을 갖춘 경호원을 양성하고자 한다.

"우리의 상품은 사람이고 우리의 자원도 사람입니다. 모든 사업 분야가 그렇겠지만, 특히 경호사업은 사람이 가장 중요한 자산입니다. 각 경호원 한 사람 한 사람의 경호 스킬과 역량, 자질 향상이야말로 최고의 상품개발이라 할 수 있죠."

그녀는 항상 직원들에게 말한다. "너 자신의 상품 가치를 끊임없이 업그레이드 하라"고 말이다. 그녀 스스로도 경호원으로서, 사업가로서 스스로의 상품 가치를 높이기 위해 관련 자격증은 물론 석사 과정 이수 등 끊임없이 노력하고 있다.

여성 고객을 주된 타깃층으로 한 사업전략과 단순한 신변보호를 넘어 업무보조, 사무, 범죄로 인한 심리치료의 역할까지, 일반적인 경호의 영역을 확대함으로써 경호사업의 블루오션을 끊임없이 개척해가고 있는 것이다.

"현재 중국, 필리핀, 말레이시아, 홍콩, 마카오, 영국, 일본 등으로 사업을 확장해 글로벌 경호기업으로 성장해나가고 있습니다!"

숨 막히게 바쁜 생활을 하면서도 조금도 지치지 않는지, 그녀는 이렇게 포부를 밝힌다. 열아홉 꽃다운 나이에 험한 사회생활을 시작하여 사설탐정과 경호원에서 사업가로서 성장해온 그녀. 세상과 맞장 한번 떠보겠다는 배짱 하나로 출발한 사업이 지금은 연간 수십억 원이 넘는 매출을 올리고, 5개의 법인을 동시에 운영하고 있을 정도로 성장했다. 그녀는 사업에 대해, CEO라는 길에 대해 관심이 있는 여성 후배들에게 이렇게 말한다.

"생각만 하지 말고 실행에 옮기라고 강조하고 싶습니다. 모두가 꿈을 꾸고 목표를 세우고 무언가를 하려고 갈망하고 있습니다. 그러나 실행에 옮기는 사람은 별로 없죠. 고민하고 생각만 하다가 꿈도 목표도 그냥 흘려보내는 경우를 많이 봤습니다. 저 역시 가슴 속에만 꿈을 가지고 있었다면 지금의 모습으로는 성장하지 못했을 거라고 생각해요. 행동으로 옮겨보세요. 그 다음 문제는 그 다음에 해결하면 되니까요."

국내 유일의 여성전문 경호법인을 설립하여 사업의 기초를 닦고, 현재 남성 경호와 건설사업에까지 행보를 넓히고 있는 (주) 퍼스트레이디의 고은옥 대표

는 성공적인 여성 CEO로서의 전형을 보여준다. 이처럼 치열한 비즈니스의 현장에서 살아남기 위해 성공적인 CEO들이 말하는 노하우가 있다.

첫째, CEO에겐 CEO만의 마인드가 있다.

수많은 사업가들이 CEO로서의 마인드는 다르다고 강조한다. 샐러리맨의 마인드로는 '사업'이라는 치열한 생존경쟁의 세계에서 살아남기 힘들다는 말이다. 성실하고 열심히 한다는 것은 아무도 알아주지 않는다. 매출을 내고 수익을 거두는 것만이 오직 살 길이 된다. 샐러리맨으로 살다가 자기 사업을 시작한 사람들은 하나같이 예전에는 참을 수 없던 것도 CEO가 되니 능히 참을 만하다고 한다. 내 사업, 내 고객, 내 밥줄을 위해서라면 도둑질 빼고 다 한다는 겸손하고 치열한 마인드가 필요하다.

둘째, 철저한 자기 점검이 선행되어야 한다.

먼저 자신의 재정 상태를 점검하고 사업을 시작해야 한다. 어떤 사람은 일정 기간 동안 전혀 매출이 없어도 버틸 수 있는 자금을 충분히 가지고 시작하기도 하고, 또 어떤 사람은 무일푼으로 대출받아 시작하기도 한다.

그러나 왕도는 없다. 자신이 택한 업종과 분야에 따라 조금씩 차이가 있고, 부양가족이 있느냐 없느냐에 따라 리스크를 감당할 수 있는 상황도 다 다르기 때문에 자신의 상황과 계획에 맞춰서 감당할 수 있는 범위 내에서 사업을 시작해야 한다. 무모한 도전은 무모한 만큼의 손실을 남길 수 있다.

　그냥 좋아 보여서 혹은 직함 하나쯤은 달고 있어야 하니까 하는 마음으로 사업을 시작하는 것만큼 위험한 일은 없다. IMF 때 퇴직금으로 크고 작은 점포를 차린 사람들 대부분이 망했다. 충분히 준비를 갖춘 다음에 덤벼도 늦지 않을 것이다.

셋째, 나만의 아이템이 필요하다.

　처음 창업을 할 때는 자신이 잘 아는 아이템으로 시작하는 것이 유리하다. 단순히 유행이나 남이 하는 것을 똑같이 따라서 하는 것은 위험하다. 다른 사람이 성공했다고 내가 성공하는 게 아니기 때문이다.

　새로운 분야라면 스스로 학습을 통해 전문가라 해도 될 만큼 충분히 파악한 다음 문을 열어라. 치킨가게 하나를 내더라도 수없이 현장에 가봐서 상권을 분석하고, 유동인구의 흐름을 파악하고, 주변 상점의 종류 등 필요한 모든 것을 면밀하게 살펴본 후 문을 열어야 실패할 확률이 적다. "잘되는 자리더라"는 식의 막연한 정보에만 의존해 덜컥 문을 여는 것은 위험하다.

넷째, 직접 하지 말고 잘하는 사람에게 시킬 줄 알아야 한다.

　경영자는 자신이 직접 모든 것을 처리하지 않는다. 스스로 모든 것을 다 알기보다는 잘하는 사람을 잘 시킬 수 있는 게 진짜 경영자의 능력이다. 닌텐도의 회장이 닌텐도를 할 줄 모른다는 말이 있다. 사람을 잘 관리하고 적재적소에 쓸 수 있는 능력이 사업가에게는 더 필요한 것이다. 자신이 하면 더 잘할 것 같은 일도 다른 사람을 시켜서 성과를 내는 게 경영자다. 돈은 내가 버는 게 아니라 남이 벌어주는 것이다.

만약 사장이 실무자처럼 자신이 모든 것을 다 해야 하는 성향이라면 경영을 할 수 없다. 그러한 성향을 가진 사람은 사업에 뜻을 두기보다 특정 분야의 전문가나 샐러리맨이 더 적합할지 모른다.

다섯째, 다양한 분야를 개척할 줄 알아야 한다.

처음에 뜻을 둔 사업을 계속해서 하는 경우는 많지 않다. 사업이 번창하면 경영자들은 돈을 벌 수 있는 다른 기회로 눈을 돌리고 다양한 사업에 손을 대기 시작한다. 무조건 문어발식으로 확장하는 것은 바람직하지 않지만, 한 가지 사업 분야만을 고집하느라 좋은 기회를 놓치지는 말아야 한다.

돈을 버는 아이템과 사업의 모양새를 만들어주는 아이템이 따로 있을 수 있다. 내가 뜻을 두고 있는 사업 분야와 현실적인 이익을 위해 갖고 가는 사업이 따로 있을 수 있다.

어느 하나에 집착하기보다는 유연한 사고로 수익성과 보람을 같이 만족시킬 수 있어야 한다.

focus

대한민국 여성 CEO의 파워는?

늘어가는 여성 CEO 인구

직업에 있어 여자의 성역이 사라지고 있다고 하지만, 여전히 어려운 분야로 인식되고 있는 것이 바로 사업이다. 사업가라면 작은 치킨집 주인서부터 대기업 총수까지 다양한 규모를 생각할 수 있는데, 어떤 분야의, 어떤 규모의 사업이라 하더라도 직원을 한두 명이라도 두고 경영의 책임을 지고 있다면 치열한 사업의 세계에 발을 담근 것이나 마찬가지다.

10년 전 휴렛패커드(HP)사가 컴팩과 합병하며 '칼리 피오리나'라는 여성을 CEO로 전면에 내세웠을 때만 해도 여성 경영인은 우리에게 생소한 말이었다. 그러나 이제 세계 기업들은 물론 국내에서도 여성 기업인들이 눈에 띄게 늘어나고 있다.

국내 여성 기업인도 꾸준히 증가하여 통계청이 지난 2007년 조사·발표한 자료에 따르면 국내 여성 기업의 수는 115만940개 정도가 된다. 이는 전체 기업 중 약 35%에 해당하는 비율이다. 또한 과거에는 남편이나 부친의 사업을 승계하는 경우가 많았지만, 이제는 여성 자신이 직접 창업하는 경우가 80%를 넘어서고 있다. 한국여성경제인협회에서 2007년에 실시한 '여성 기업 실태조사'에 따르면 여성 기업의 창업 동기는 직접 창업이 80.1%로 가장 높게 나타났으며, 기존 기업의 인수가 16.5%, 가업 승계(남편이나 부친의 사업 승계)가 3.3%로 조사돼 여성의 사회 활동이 예전에 비해 보다 적극적으로 이뤄지고 있음을 알 수 있다.

여자라서 더 유리한 점

기존에는 여성 기업인들에 대한 차별의 우려가 있었으나, 그러한 경향도 최근에는 눈에 띄게 줄어들고 있다. 조사에 따르면 오히려 여성이 더 유리하다는 의견이 상대적으로 높게 나타났다. 기업경영 활동에서 여성이 남성보다 불리하다는 의견이 13.1%, 비슷하다는 의견이 68.2%, 유리하다는 의견이 18.7%로 나타난 것이다.

이에 비해 여성 기업인이기 때문에 차별적 경험을 했다는 의견은 2.4%, 남성 기업보다 금융회사에서 불리한 대우를 받았다는 의견은 5.2%에 불과했다.

한편, 여성 기업인들이 기업 활동에 있어서 남성들에 비해 유리하다고 느끼는 점은 "여성이 섬세하기 때문에 소비자의 욕구를 파악하기가 유리하다"는 의견이 90.1%로 압도적이었다. 다음으로 불필요한 간접비를 절약할 수 있다(4.2%), 신용을 얻으면 유지하기가 쉽다(3.0%)는 의견이었다.

여성이 남성보다 불리한 점으로는 자녀육아 병행(27.4%), 사회적 편견(27.0%), 남성 중시의 접대문화(24.5%) 순으로 나타났지만, 여성의 기업 활동 환경이 과거에 비해 계속해서 개선되고 있는 것만은 분명하다. 한국여성경제인협회 측은 "여성 기업의 경영 활동을 남성 기업과 비교했을 때 불리하다는 의견이 점점 줄어들고, 유리하다는 의견이 점점 늘어가는 추세"라며 "과거에 비해 여성들이 체감하는 기업경영 활동 여건이 많이 개선됐음을 알 수 있다"고 설명했다. 치열한 승부근성에 섬세한 감각까지 갖춘 여성이라면 얼마든지 여성 CEO로서 도전해볼 만하다.

tip

경호전문가 고은옥이 들려주는

여성들을 위한 신변보호 상식

스토커 · 납치범으로부터 내 몸은 내가 지킨다!

여성전문 경호원 출신 고은옥 대표는 날로 험악해지는 사회 분위기 속에서 범죄로부터 자신을 지키기 위해서는 사후 대안보다는 사전 예방이 철저해야 한다고 강조한다. 그녀의 충고를 잠깐 살펴보자면 다음과 같다.

첫째, 절대 허점을 보이지 마라.

범인은 쉬운 상대를 노린다. 그들은 심리적으로 스스로 제압하기 쉬운 상대를 고른다. 그렇기 때문에 지나친 노출, 술에 취한 모습은 언제나 잠재적인 범죄자들에게 최적의 목표물이 된다. 허술한 모습은 절대 금물. 인적이 드문 장소는 절대로 주의한다. 최근의 범죄 피해자는 대부분 인적이 드문 곳이나 늦은 시각 혹은 새벽 으슥한 장소에서였다는 것을 상기할 것!

둘째, 핸드폰을 무기화하라.

핸드폰 0번이나 1번은 112(경찰서)나 119(안전신고센터)로 입력해두고 위급한 상황에서 재빨리 누를 수 있도록 한다. 으슥한 장소를 지날 때는 반드시 누군가와 수시로 통화해야 한다. 범행 대상자가 통화를 하고 있을 경우엔 범행 장소가 노출될 확률이 높기 때문에 범인도 쉽게 다가오지 못한다.

셋째, 기본적인 호신기구, 호신술을 준비하라.

가방 안에 호신용 호루라기, 호신용 스프레이 등을 준비해둔다. 요즘에는 립스틱이나 향수 모양 등 다양한 디자인의 제품들이 나오고 있다. 또한 귀가 시간이 자주 늦는 여성의 경우 범죄에 노출될 가능성이 더 높기 때문에 기본적인 호신술과 위기 대처 능력을 평소에 숙지해두어야 한다.

넷째, 택시를 탈 때 유의하라.

택시가 범행에 이용되거나 우발적인 범행으로 이어지는 경우가 종종 있다. 되도록 콜택시를 이용해 승차 기록을 남길 수 있도록 하고, 앞좌석에 앉는 것과 합승을 거절하는 것은 기본이다. 또 택시를 탔을 때도 누군가와 통화를 하여 자신이 택시를 탔고, 현재 위치가 어디쯤이라는 사실을 알려두는 것이 좋다. 범행을 예방할 수 있을뿐더러 범행 발생 시 추적을 용이하게 하기 때문이다.

한국마이크로소프트사 최초의 여성 임원

박남희

전망이 불확실하다고 주저하지 마라.
미지의 일에는 항상 새로운 기회가 들어 있다.
과연 할 수 있을까 의심하지 마라. 할 수 있어서
시작하는 게 아니라 도전하면서 새로운 가능성을
열어 가는 것이다. 다른 이의 꿈을 기웃거리지 마라.
내 꿈에 집중해야 열정이 더 높은 곳을
향해 타오를 수 있다.

박남희

1962년생. 서강대학교 컴퓨터공학과를 졸업한 뒤 시스템공학연구소를 다니다가 혼자 힘으로 유학까지 다녀와서 휴렛패커드(HP) 등을 거쳐 마이크로소프트(MS)사에 들어갔다. 그 뒤 그녀는 특유의 섬세하고 진솔한 리더십을 인정받아 한국마이크로소프트사 최초로 여성 임원이 되었다. 늘 새로운 일에 대한 두려움 없는 도전으로 마케팅, 소프트웨어 개발 및 컨설팅, 솔루션 영업을 거쳐 여성 임원의 자리까지 올라선 그녀는 여성 리더를 꿈꾸는 후배들에게 커리어코칭을 해주는 일에 관심이 많고, 다양한 해외시장에서 일해보려는 계획을 가지고 있다.

"나를 키운 8할은
도전과 열정이다!"

끊임없이 새로운 업무에 도전하다

한국마이크로소프트사의 고객파트너 경험 및 다양성을 총괄하고 있는 박남희 상무는 특이한 이력을 자랑한다. 최근 들어 여성 임원이 늘고 있긴 하지만 대부분이 마케팅이나 홍보 분야에 집중돼 있다.

반면, 박 상무는 대학에서의 전공은 물론 유학시절 등을 통해 기술적 기반을 탄탄히 한데다가 다양한 커리어 관리를 통해 마케팅, 영업 분야를 두루 섭렵한 기반을 가지고 있다.

"우리 세대가 처음 직장을 구하고 사회생활을 시작할 때는 롤 모델이 되어서 이런저런 필요한 충고를 해줄 만한 여성 선배들이 없었어요. 무작정 덤비고 열심히 해야 했죠. 지금은 여성들도 대부분 자신의 일을 갖고 꿈을 실현해나가는 시대인 만큼 후배들에게 틈만 나면 어떻게 미래를 내다보고 자신의 커리어를 관리하고 꿈을 이뤄가야 하는지 이야기해 주곤 합니다. 앞에서 끌어주는 사람이 있으면 시행착오를 훨씬 줄일 수 있으니까요."

엔지니어에서 출발하여 2006년 10월 한국마이크로소프트사 최초의 여성 임원으로 발탁된 박남희는 많은 젊은 여성들에게 롤 모델이 되고 있다.

엔지니어 출신인 그녀는 실무자 시절부터 일에 있어서는 완벽주의자였다. 어떤 과제라도 주어진 문제는 반드시 해결을 해야만 직성이 풀리는 성격이었다. 그러한 완벽주의는 그녀로 하여금 더욱 업무에 있어 채찍질을 해주기도 했다. 휴렛패커드(HP)에서 일할 때였다.

"상사가 지금까지 해본 적이 없는 일을 시켰는데, 저는 어떤 문제라도 반드시 해결해야 하는 성격이라서 처음에는 굉장히 고생을 했어요. 한 가지 예로, 고객 이메일 시스템에 문제가 생긴 적이 있었어요. 그때 전 밤새 영국의 엔지니어와 연락을 취하면서 다음 날 새벽까지 일을 마쳐 놓곤 했어요."

주어진 일을 해결하지 못하는 것은 그녀의 자존심이 허락하지 않았다. 하루하루 새로운 일이 떨어질 때마다 "과연 내가 이 문제를 해결할 수 있을까?" 하는 고민을 가졌지만, 불안을 해소할 수 있는 길은 단 하나, 문제를 푸는 것밖에는 없었다.

어려운 과제인 만큼 집중적으로 매달린 결과 하나씩 하나씩 주어진 과제들을 해결해가고 있는 자신의 모습을 어느덧 발견하게 되었다. 점차 "하면 되겠다"는 확신이 들면서 자신의 역량을 트레이닝시키는 좋은 기회가 되었다.

그녀는 늘 새로운 일에 도전하는 걸 두려워하지 않았다. HP에서 여러 해 근무하다가 마이크로소프트(MS)로 옮길 때도 전혀 경험해보지 않은 새로운 업무 분야인 마케팅으로 방향을 전환하였다. 또한 마이크로소프트를 그만두고 잠시 모 벤처기업의 확장을 돕다가 다시 마이크로소프트로 돌아오기도 했다.

새로운 영역에 도전한다는 것은 그만큼 자신의 역량 범위가 넓어진다는 것을 의미했다. 그렇기 때문에 그녀는 한 가지 분야에 머물러 있기보다는 늘 새로운 일, 새로운 도전을 꿈꾸었다. 그녀에게 두려움은 극복하기 위해 존재하는 것이었다.

한국마이크로소프트사 최초의 여성 임원이 되다

"사장님 직속으로 임원을 뽑는다고요?"

보스 직속의 임원 자리가 비게 되자 회사에서는 새로이 임원을 선출하기로 결정했다. 그녀는 자신의 커리어를 한 단계 업그레이드할 수 있는 기회라는 것을 직감하고, 그 기회를 잡기 위해 최선을 다하기로 했다.

일단 어떤 일을 하는 자리인지 면밀히 분석하여 자신이 그 자리를 맡게 된다면 무엇을 어떻게 개선하고 이끌어가야 하는지에 대한 청사진을 그래서 비즈니스 계획서를 작성했다. 그리고 당락 의사결정에 가장 영향을 미치는 면접자에게 직접 작성한 비즈니스 계획서를 미리 이메일로 보냄으로써 자신을 최대한 알릴 수 있도록 했다.

"현재 조직의 문제가 무엇인지, 여러 미션들 중 무엇을 가장 우선적으로 해결해가야 하는지에 대해서 제 의견을 피력했죠. 특히 제가 기술적인 백그라운드가 탄탄하고 마케팅 영업을 두루 섭렵한 커리어를 가지고 있기 때문에 누구보다 적임자라는 점을 강조했어요."

그러한 비즈니스 계획서를 통해 그녀는 인터뷰에서는 심도 있게 표현하기 힘든 자신의 강점과 능력들을 충분히 어필할 수 있었다. 또한 보고서를 써서 미리 제출할 정도의 열의 자체를 면접자는 긍정적으로 생각해주었다.

드디어 인터뷰가 있는 날, 그녀의 보고서를 미리 메일로 받아 검토한 면접자는 그녀에 대해서 이미 긍정적인 인상을 가지고 있었다.

"물론 그런 보고서 하나만으로 승진을 결정하는 것은 아니지만, 적어도 자신을 충분히 알리고 적극적인 자세를 증명해보일 수 있었다고 생각해요. 그러한 노력 자체가 저의 태도를 보여주는 것이기도 하고요."

박 상무는 기회란 스스로 찾아내고 또 완성해가는 것이라고 생각한다. 일에 대해 열의가 있는 사람은 아주 작은 기회에서도 큰 비전을 찾아내고, 흙 속에 묻힌 진주를 캐내어 영롱하게 빛나게 할 수 있다고 믿는 것이다.

인간관계를 잘 풀어야 진짜 리더

그녀가 개발자 및 플랫폼 사업을 총괄했을 때의 일이다. 부서장에게 중요한 것은 부서 전략을 세우는 한편 부서원들을 이끌어가는 리더십이다. 부서 전략을 치밀하게 세워 시행했을 때, 부서원들이 적극적으로 따라와서 부서 전체의 성과가 가시적으로 나타났을 때 가장 보람을 느낀다는 그녀. 특히 지식근로자들은 개인 간 능력과 성과 차이가 크기 때문에 개인이 가진 최대한의 능력을 발휘시키고 최고의 성과를 이끌어내도록 도와야 한다.

그녀가 부서 성과를 내기 위해서 가장 신경을 쓰는 부분 중 하나는 사람의 문제다. 실무자일 때보다 지위가 올라갈수록 그녀는 사람의 문제가 가장 어렵고 중요하다는 것을 새삼 깨닫는다.

실무에서는 정확한 답도 있고 왕도도 있을 수 있겠지만, 인간관계는 답도 없고 왕도도 없다. 끊임없이 고민하고 '나'만이 아니라 '우리' 혹은 '조직'을 생각하고 진실하게 접근해가려고 노력할 뿐이다.

"처음 직장생활을 시작할 때는 문제해결 능력, 업무적인 성과가 가장 중요하다고 생각했어요. 그런데 점차 간부급으로 올라가면서 인간관계를 잘 풀어나가는 게 중요하고, 그것이야말로 진짜 리더가 갖춰야 할 자질이라는 걸 깨달았죠. 회사는 성장과 이윤이 가장 중요한데, 이를 위해서라도 사람과의 관계와 커뮤니케이션은 중요합니다. 젊은 여성들도 실력뿐만 아니라 인간관계 역량을 키워나가는 데 미리부터 관심을 가졌으면 좋겠어요."

그녀는 매주 월요일에 비즈니스 미팅을 가졌다. 각 부서장들을 모아 놓고 그녀가 맡고 있는 비즈니스 전 영역에 대해 회의를 하는 것이다. 각 부서들의 상황과 의견을 파악하여 이끌어가는 것이 그녀의 몫이다.

그러나 그녀가 가장 즐거워하는 것은 바로 부하직원들과의 커리어코칭 시간이다. 업무라기보다는 소통의 시간이다. 사업을 추진하고 부서 성과를 관리하는 바쁜 와중에서도 그녀는 조직원들과의 커뮤니케이션만큼은 절대로 소홀히 하지 않겠다는 주의다. 그것은 한국마이크로소프트사의 기업 운영 방향이기도 하다.

"요즘 좀 분위기가 가라앉아 보이던데 일은 어때? 힘든 점은 없어?"

때로는 힘들어보이는 직원을 위로하기도 하지만, 또 때로는 부족한 점을 지적하고 자극을 주기도 한다.

"자네는 일은 잘하는데, 동료들과의 협업이 부족해."

"매니저로 올라가려면 지금의 성과로는 충분치 않아."

이런 식의 멘토링에 익숙하지 않은 어떤 직원은 상무와의 면담이라고 해서 보고서를 작성해서 들고 들어오는 경우도 있다. 그러면 그녀는 웃으면서 "괜찮아, 업무보고가 아니라 선후배로서 편하게 대화를 나누자는 거니까" 하고 말해준다. 딱딱한 업무보고가 아니라 마음을 터놓고 다가가는 시간이 필요한 자리이기 때문이다.

그녀는 임원이면서도 직원들에게 친근하게 다가갈 줄 아는 리더다. 결코 권위적인 리더가 아니다. 권위지향적이기보다는 오히려 관계지향적

이라서 사람들과 대화도 자주 나누고 개인적인 친분도 즐겨 갖는 편이다.

성격이 어떤 사람이든지 간에 얼마나 오픈된 마음으로 솔직하게 상대방을 대하느냐가 중요하다. 딱딱하게 이야기해도 진실한 관심을 갖고 대하면 상대방의 반응은 확실히 차이가 나게 마련이다.

직원들의 이야기를 듣다 보면 그들의 애로가 무엇인지, 조직의 어떤 점을 개선해야 하는지, 혹은 그들의 인간적 고민이 무엇인지, 어떤 부분을 도와주어야 하는지 세밀하게 파악할 수 있다. 무엇보다 각 사람의 커리어를 관리해주는 데 도움을 줌으로써 인재를 키워갈 수 있다. 때로는 다른 사업 파트에 소속된 직원들 중에도 박 상무와 이야기를 나누고 코치를 받기 위해 일부러 찾아오는 사람이 있을 정도다.

한창 일에 몰두하던 시절, 남편이 회사를 그만두라고 권한 적이 있었다. 평소에는 이해를 잘해주는 편이지만, 너무 업무 부하가 심해지니 그렇게 나온 것이다.

그녀는 수개월에 걸쳐서 남편을 설득했다. 단순히 돈을 벌기 위한 게 아니라 일이 나에게 어떤 의미이고, 얼마나 지켜나가고 싶은지에 대해 꾸준히 설명했다. 부부 간에도 단번에 이해를 얻으려 하기보다는 충분히 나를 표현하면서 대화로 풀어나가야 한다고 생각한다. 가정에서나 직장에서나 인간관계를 잘 풀어야 일도 잘 풀린다.

조직에서 성공하려면 조직이 원하는 것을 알아야

박남희 상무가 일하는 마이크로소프트사는 정직과 성실, 열정, 열린 마음과 존중, 도전, 건설적인 자기반성, 책임, 이 여섯 가지의 핵심가치를 추구한다. 언뜻 추상적인 원칙 같지만, 실제 채용을 진행하거나 승진을 결정할 때 이러한 여섯 가지 핵심가치를 구체적으로 고려한다. 신규 채용을 하거나 승진 등을 검토할 때 이러한 기준들이 인재를 평가하는 요소이다.

"이처럼 조직마다 원하는 기준이 있어요. 개인이 아무리 실력이 뛰어나다고 하더라도 조직이 원하는 기준과 잘 조화를 이뤄야 직장생활에서 긍정적인 평가를 받을 수 있습니다. 우리는 성과가 좋은 사람을 인재라고 부르는데, 성과가 좋다는 판단도 입장에 따라 달라질 수 있습니다. 예를 들어 개인이 생각하는 것과 조직이 판단하는 것 사이에는 약간의 간격이 있을 수 있다는 거죠."

CEO의 시각에서 보는 성과, 부서장의 입장에서 보는 부서 차원의 성과, 직원의 입장에서 바라보는 개인의 성과가 모두 다를 수 있다. 자신은 일을 잘했다고 생각하지만, 관리자나 CEO의 입장에서는 그다지 중요한 성과가 아닐 수가 있는 것이다. 따라서 자신의 입장에서만 생각할 것이 아니라 시각을 넓혀서 바라볼 수 있어야 정말 조직이 원하는 성과를 창출하고 인정받을 수 있다.

박남희 상무는 회사 내의 교육은 물론 대외적인 교육을 통해 직장에서 성공하기 위해 어떤 노력을 해야 하는지에 대한 강의를 자주 하고 있다. 그녀에게서 커리어우먼들이 조직에서 성장해가는 데 어떠한 전략들이 필요한지에 대해 들어보았다.

첫째, 나만의 PIE를 가져라.

그녀가 말하는 PIE란 Performance(퍼포먼스), Image(이미지), Exposure (익스포져)를 뜻한다.

P: Performance, 퍼포먼스!

회사에서는 일단 성과를 창출해야 한다. 아무리 리더십이 뛰어나고 성격이 좋아서 대인관계가 원만하다고 해도 성과가 나쁘다면 좋은 인상을 심어주기 어렵다. 결과적으로 조직에 기여하는 바가 적기 때문에 기업에서는 그런 구성원에 대해 부정적인 판단을 하게 된다.

조직에서 살아남기 위한 기본 전제는 첫째도 둘째도 성과다. 성과가 좋아도 다른 문제 때문에 성공하지 못하는 경우는 많지만, 성과가 나쁘면서도 살아남는 경우는 거의 없다. 물론 성과만 가지고 인재를 평가하지는 않지만, 성과가 안 좋다면 기본도 안 되는 경우인 것이다.

I: Image, 이미지!

자신의 이미지를 관리해야 한다. 연예인이나 스포츠선수들이 개인의 이미지를 잘못 관리하여 활동에 있어 엄청난 타격을 받는 일이 종종 있다. 그들만 그러한 것이 아니라 커리어우먼으로 성공하려면 사회생활에 있어서도 자신의 이미지를 긍정적으로 만들고 또 관리해가야 한다.

이미지는 보통 '태도'에서 비롯되는 경우가 많다. 아무리 일을 열심히 하고 좋은 성과를 낸다고 해도 태도가 나쁘다면 좋은 이미지로 관리할 수 없다. 이미지가 나빠지면 자신의 성과에 대해서도 부정적인 평가를 받을 수 있다.

E: Exposure, 익스포저!

지금의 사회는 혼자서 묵묵히 열심히 일한다고 해서 알아주는 분위기가 아니다. 경쟁이 치열할 뿐만 아니라 자신을 효과적으로 드러내고 알리는 것 자체를 개인의 역량과 능력이라고 간주한다. 상사에게 자신의 역량과 수고를 효과적으로 드러내어서 자신의 성과를 적극적으로 알리고 존재가치를 주지시켜야 한다.

그렇다고 해서 마구 들이대는 것은 오히려 역효과다. 너무 나서는 듯한 인상을 주는 것은 효과적이지 않다. 항상 상황에 맞는 태도와 행동으로 적절하게 표현해야 한다. 직접적으로 알리는 것뿐만 아니라 간접적이고 우회적인 방법들을 통해 보다 효과적으로 자신을 알릴 수 있는데, 평소에 폭넓은 네트워크를 구축하고 주변 사람들로부터 신뢰를 얻어두어야 자신을 알리는 데 있어서 도움을 받을 수 있다.

자신을 드러내고 인정받을 수 있는 기회는 저절로 오지 않는다. 물론 자연스럽게 다가오는 기회를 잡는 것도 능력이지만, 기회가 다가오지 않는다면 전략적으로 자신을 위한 기회를 만들어볼 수도 있다.

둘째, 상황에 맞는 시나리오를 구상하라.

조직에서 가장 필요한 재주 중의 하나가 상황판단이다. 상황판단이란 거시적인 정책이나 전략을 결정할 때뿐만이 아니라 사소한 회사생활 속에서도 필요하다.

윗사람에게 보고 하나를 해도, 아랫사람에게 지시 하나를 할 때도, 무언가를 제안할 때나 주장할 때도 상황에 맞는 내용으로 적절한 시점에서 말을 해야 소기의 목적을 달성할 수 있다. 아무 때나 자기 생각을 말하고 자기 계획대로 행동했다가는 소기의 목적을 달성하기는커녕 부정적인 이미지를 남기거나 추진하던 일도 벽에 부딪칠 수 있다.

셋째, 나만의 브랜드를 만들어라.

수많은 구성원이 함께 경쟁하며 일하는 기업 조직에서는 자칫하면 그저 그런 존재로 묻히기 쉽다. 따라서 조직에서는 자기만의 브랜드를 가지는 게 중요하다. '아무개' 하면 떠오르는 브랜드 이미지가 있어야 한다는 것이다.

특화된 재주, 아니면 특화된 됨됨이 등을 가지고 그것을 자신의 브랜드 이미지로 만들어가야 한다. 그 사람이 맡은 일은 정말 확실해, 혹은 그 사람 외국어 실력은 정말 뛰어나, 팀워크가 뛰어나서 리더십이 있어 등등 나만의 브랜드가 필요하다.

넷째, 동료들과의 관계지수를 높여라.

조직생활에서 간과하기 쉬운 것이 동료와의 관계다. 상사에게 잘하는 사람들도 동료와의 관계는 소홀하기 쉬운데, 그것은 중요한 포인트를 놓치는 것과 마찬가지다.

기업에서 중책을 뽑을 때는 동료와의 관계가 원만한지 여부에 대해서도 중점적으로 검토한다. 성과가 탁월하다고 하더라도 동료들과의 관계가 원만치 못한 사람에게는 중요한 자리를 맡기기 꺼려하는 것이다. 혼자서만 앞서나가면 협업이 어려운 사람이라고 오해를 받기 쉽다. 일이란 혼자 하는 게 아니라 다 같이 해나가야 전체의 성과가 커질 수 있기 때문이다.

다섯째, 효율성보다는 의견조율에 힘써라.

자신의 성과를 내는 데 급급하다 보면 주변을 돌아볼 여유를 잊기 쉽다. 일을 효율적으로 해나가는 데만 초점을 맞추다 보면 함께 존재하는 주변 사람들을 챙길 여력이 없게 된다. 그러다 보면 죽어라고 열심히 일했는데, 돌아온 결과는 조직에서 왕따 당하는 것뿐이기도 하다. 그것은 오직 자신의 성과만 드러내고, 자신만 인정받으려는 과잉 성취욕 때문에 미움을 산 탓이다.

지위가 올라갈수록 일의 효율성뿐만 아니라 조직원 간의 의견조율에 초점을 맞춰야 한다. 그래야 팀 전체의 성과를 이끌어내는 매니저로 성장할 수 있다.

여섯째, 독불장군은 없다. 충분한 멘토를 확보하라.

도움을 청하는데 무작정 거절하는 사람은 거의 없다. 특히나 부하직원이나 후배가 도움을 청한다면 누구나 도와주고 싶어지게 마련이다. 누군가를 돕고 지원하는 것은 그만큼 자신의 입지가 위에 있다는 반증이기도 하기 때문이다.

조직에서 여러 분야의 상사나 선배들을 자신의 멘토로 끌어들여야 한다. 그들에게는 내가 갖지 못한 노하우나 내공, 전문지식들이 있는데 멘토들을 통해 그들이 가진 장점을 내 것으로 얻을 수 있다.

뿐만 아니라 멘토가 되어달라는 사람에게 긍정적인 인상을 갖게 되고, 유대감이 깊어지기 때문에 멘토와 멘티 사이에는 확고한 네트워크가 구축될 수 있다. 서로가 서로에게 힘이 되는 관계로서 아랫사람은 윗사람으로부터 필요한 부분을 얻고, 윗사람은 아랫사람으로부터 지지와 충성을 얻는 것이다. 그러니 적극적으로 부딪쳐서 충분한 멘토를 확보해두는 게 좋다.

일곱째, 한두 가지 결정적 약점을 보완하라.

대부분의 사람들이 자신의 강점이나 능력을 신장시키는 데만 급급하다 보면 자신의 약점이 무엇인지, 어떤 대안을 세워야 하는지에 대해 소홀해질 수 있다. 그러나 수많은 장점에도 불구하고 한두 가지 결정적인 약점이 있다면 조직에서 성공하기 힘들다는 사실을 주지할 필요가 있다.

어느 기업이든지 리더를 뽑을 때는 여러 명의 후보자를 거명하면서 비교한다. 후보자를 선정할 때는 능력과 재주가 많은 인재 위주로 결정하지만, 정작 해당 자리에 가장 적합한 리더를 선택할 때는 결정적인 약점이 없는 사람으로 결정하는 경우가 많다.

어찌 보면 일정 수준 이상이 되는 인재들 간에는 실력과 능력의 우열을 가리기 힘든 경우가 많은데다가 리스크가 적은 인물이어야 하기 때문이다. 또 어느 정도의 자격 조건을 갖춘 사람들 중에서는 조직을 안정적으로 이끌 수 있는 인물이 리더로서 적합하리라는 전략적 판단의 결과이기도 하다.

열 가지 장점보다 한 가지 약점이 결정적인 위력을 발휘할 수 있음을 명심해야 한다.

자신의 꿈과 일치할 때 일에 대한 열정이 나온다

박남희 상무는 커리어를 관리하는 데 있어 가장 중요한 것은 자신이 하고 싶은 일이 무엇인지를 정확히 파악하는 일이라고 강조한다. 무조건 남보다 빨리, 남보다 높이 가려는 왜곡된 성취욕구보다는 자신이 원하는 방향을 설정하고, 그 방향에 맞춰 자기 페이스대로 가는 것이 길게 보면 오히려 지름길이고, 시행착오를 줄일 수 있다는 뜻이다.

"자신이 원하는 일이 무엇인지 먼저 발견하고 인지하라고 늘 강조합니다. 일에 대한 열정은 억지로 생기는 게 아니거든요. 자신의 꿈과 현재의 업무가 접목이 될 때 열정은 저절로 우러나올 수 있습니다. 자기가 좋아하는 일을 열심히 하는 사람과 그냥 자기 일이니까 어쩔 수 없이 하는 사람은 성과 면에서 비교가 되지 않을 정도로 간격이 벌어지게 마련입니다."

일반 사원서부터 한 단계씩 밟아올라간 박남희 상무는 직원들을 코칭할 때 다음과 같은 사항들을 강조한다. 여기엔 박남희 상무 스스로가 자신의 길을 개척해올 때 겪었던 고민이 담겨 있다.

첫째, 높은 포지션만 욕심내기보다 무엇을 원하는지 고민하라.

어떤 위치의 일인지, 어떤 대우를 받을 수 있는지는 자신의 일을 구하는 데 결정적인 기준이 될 수 없다. 포지션을 고민하기보다는 자신이 진짜 해보고 싶은 일이 무엇인지를 결정하는 게 중요하다.

하고 싶은 분야나 일이 분명히 파악된다면 어떤 위치에서 시작한다고 하더라도 남보다 많은 성과를 내기 때문에 좋은 기회가 반드시 다가올 것이다.

둘째, 나의 일, 직접 해보고 결정하라.

직장을 구하는 일은 배우자를 고르는 일만큼이나 중요하고, 또 심사숙고해야 할 일이다. 특히 최근에 심각한 취업난이라고들 하는데, 처음부터 너무 완벽한 조건의 직장을 구하기보다는 인턴사원이나 아르바이트 형식으로라도 직접 일을 경험해보는 것이 중요하다. 직접 해보지 않고서는 어떤 일인지 정확히 파악할 수 없고, 자신에게 맞는지 안 맞는지를 판단할 수 없기 때문이다.

셋째, 이번이 아니라 다음이 기회일 수도 있음을 기억하라.

기대하던 승진에서 누락되면 그 실망감이란 이루 말할 수 없다. 그러나 이번에 안 되었다고 해서 영원히 안 되는 것은 아니다. 한 번의 누락을 너무 크게 받아들일 것이 아니라, 다음이 나에게는 기회가 될 수 있음을 기억하고 중심을 잃지 말아야 한다. 조금 승진이 늦을 수도 있지만, 속도 자체에 크게 연연할 필요는 없다. 성취욕이 강한 여성들 중에서 승진이 조금만 늦어도 심각하게 고민하는 경우가 종종 있는데, 그게 오히려 에너지를 낭비하는 결과를 초래한다.

넷째, 다른 사람의 시각으로도 나를 파악하라.

자신을 정확히 파악하고, 일을 제대로 처리하기 위해서는 다양한 의견과 시각을 접해보는 게 좋다. 의외로 다른 사람의 의견을 듣는 데 인색한 사람들이 많다.

그러나 자기 자신한테 어떤 재능이 숨어 있는지, 혹은 어떤 일을 잘하는지 하는 사항에 대해서 정작 본인이 잘 모르는 경우가 많으므로 주변 사람들의 눈을 빌려 자신을 들여다볼 필요가 있다. 객관적인 판단은 물론이고, 자기 자신도 미처 몰랐던 자신의 잠재된 모습을 깨달을 수 있기 때문이다.

다섯째, 스스로의 부족한 점을 찾아 미리 대비하라.

자신이 하고 싶은 일이 분명하다면 구체적인 목표지점이 보인다. 늘 그

목표지점에 도달하기 위해서는 어떤 자격조건들이 필요한지를 미리 파악하고, 그러한 자격조건 중에서 본인이 부족한 부분이 무엇인지 파악하여 미리미리 대비를 해나가야 한다. 그냥 하고 싶다는 마음만 가지고 기회만 기다린다고 해서 일이 이뤄지는 것은 아니다.

여섯째, 앞만 보지 말고 뒤도 돌아봐라.

성취욕이 강한 사람일수록 많은 일에 도전하려고 든다. 도전이 많으면 실패도 많이 경험하게 마련인데, 너무 도전에만 집착하다 보면 실패를 통해 아무것도 배우지 못할 수 있다.

어떤 도전이나 일을 진행했을 때는 반드시 그 성패에 따른 원인분석을 하고 넘어가야 한다. 실행 과정에서 어떤 점을 스스로 깨우쳤는지, 그리고 그것을 다음번에 적용할 수 있는지 뒤를 돌아보며 정리하는 시간을 가져야 한다. 그런 과정이 없으면 '시지푸스의 신화'에서처럼 수없이 돌을 뒤로 던지며 도전을 되풀이할 뿐 성과를 거둘 수가 없다.

일곱째, 두 단계를 먼저 계획하라.

성공을 위해서는 두 단계 이상 앞을 내다보고 경력을 관리해야 한다. 바로 앞만 생각하고 생활한다면 보다 발전적인 자신의 미래 모습을 만들어갈 수 없다. 눈앞에 바로 보이는 성취도 중요하지만, 두 단계쯤 멀리 내다보고 장기적인 안목으로 접근해야 미래 사회에 대비할 수 있다.

여덟째, 자기평가표를 만들어라.

막연히 무엇을 하고 싶다는 식의 소망만으로는 목표에 가까이 다가갈수 없다. 그저 희망만 내비치다가 가시적인 성과를 못 얻은 채로 세월만보내다 포기하기 십상이다.

그러한 경우를 대비하기 위해서는 자신의 목표와 현재의 상황, 목표에도달하기 위해서 나에게 필요한 부분, 그런 역량을 갖추기 위한 대안책등을 마치 사업계획서를 작성하듯 적어보아야 한다.

개인마다 재능, 여건, 성격 등이 다르고, 처해 있는 상황도 제각각이기때문에 자기에게 맞는 커리어 관리를 위해서는 자기평가표를 통해 치밀하게 관리해나가는 것이 좋다.

탁월한 여성 리더로서의 자질

박남희 상무는 아직도 달려가야 할 길이 많이 남아 있다고 말한다. 이제까지 해왔듯이 안주하기보다는 보다 새로운 일을 찾아 도전을 계속하고 싶은 것이다.

"해외시장 등 이제까지 해보지 않은 다른 영역의 시장에서 뛰어보고싶어요. 제 역량을 키우는 동시에 회사에 기여할 수 있는 일이라면 무엇이든지, 또 언제든지 최선을 다해 뛰어들 수 있습니다."

또한 커리어우먼으로서가 아니라 한 개인으로서의 소망과 계획도 있다.

"향후에는 사회에 공헌할 수 있는 일을 하고 싶어요. 저에게 적합한 방법을 찾아 봉사를 해야 하는데, 저는 소프트웨어 산업에 대해 잘 아는 사람이니까 그런 지식을 활용해서 다른 사람이나 기업을 도울 수 있는 방법을 찾아볼 겁니다. 컨설팅 방식일 수도 있고, 자문을 해주는 방법도 있을 수 있겠죠. 오랜 커리어 라이프를 통해 익힌 노하우와 지식들을 그냥 사장시키는 것이 아니라 다른 기업, 다른 사람을 위해 사용하는 일을 꿈꿉니다."

궁극의 꿈이 혼자가 아니라 함께 하는 모습에 닿아 있는 것은 그녀가 개인이 아니라 조직 전체를 생각하는 리더임을 말해준다. 결국 유리 천장을 뚫고 나가는 여성 리더가 되기 위해서는 혼자만의 실력뿐만 아니라 다른 사람까지도 이끌어갈 수 있는 리더의 자질이 반드시 필요하다고 하겠다.

남성왕국 기업에서
여성 임원으로 성공하기

아직도 소수에 불과한 여성 임원

여성의 사회 진출이 활발해지고 대기업에서 여성 임원의 진출이 눈에 띄게 늘었다고들 하지만, 여전히 기업에서 여성의 임원 진출은 한계가 많다.

얼마 전 프랑스에서는 '남성왕국'인 기업계를 변화시키기 위해 여성 임원 할당제를 법안으로 통과시켰다. 2015년까지 기업 임원의 40%를 여성으로 의무적으로 채우라는 법안이다. 프랑스는 유럽국가 중 여성의 기업 임원 비율이 높지 않아서 500대 기업 이사 중 여성의 비율은 8%에 불과하다. 독일 13%, 영국 12%, 스웨덴 27%인 것에 비하면 아주 낮은 수치다.

우리나라의 사정은 더욱 안 좋아서 여성가족부가 2007년 발표한 여성 인력 패널조사를 보면, 조사대상인 341개 기업 중에서 부장 이상 여성 관리자가 없는 곳이 절반을 넘고, 여성 임원이 한 명도 없는 곳도 74%에 달한다. 2009년 말 《매일경제신문》에서 게재한 기사에 따르면, 기준 상용근로자 500명 이상 민간기업, 공기업, 정부투자기관 등 한국 대표 기업 1400여 곳의 여성 임원 비율은 6%에 불과하다. 과장급으로 범위를 넓혀도 여성의 비율은 13%에 불과한 것으로 나타난다.

글로벌 기업일수록 여성에게 우호적

박남희 상무는 "현대 사회는 소비시장 자체가 여성 중심으로 변화하였기 때문에 소비의 흐름을 이해하는 데는 남성보다 여성이 훨씬 유리하고 정확할 수 있다. 또한 기업의 비즈니스는 동일한 시각에 안주하기보다 다양한 시각을 포괄할 때 훨씬 리스크를 줄이고 발전적인 방향으로 나아갈 수 있다. 글로벌 기업은 바로 그러한 두 가지 측면에서 더 많이 여성 인력의 필요성을 인지하고 있다"고 말한다.

글로벌 기업은 여성 인력에 대해 상당히 우호적일 뿐 아니라, 때로는 여성 인력의 비율이 일정 수준 이상이 되도록 전략을 세울 정도로 열려 있다. 또한 소비의 흐름을 정확하게 이해하지 못하거나 획일적인 시각에 머물러 다양성을 인정하지 못한다면 비즈니스에 문제가 생길 수 있다는 것을 인지하고 있다. 국내 기업들에 비해 상대적으로 여성 차별이 적고, 합리적인 시스템 안에서 성실히 자기 능력을 발휘하면 인정받을 수 있다 하겠다.

tip

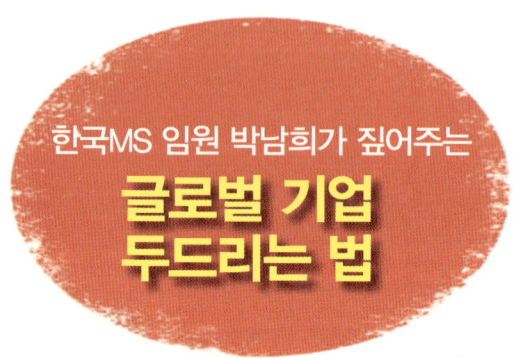

한국MS 임원 박남희가 짚어주는

글로벌 기업 두드리는 법

두드리고 또 두드리면 열리겠지!

여성 차별이 적은 글로벌 기업의 문을 두드려라

심각한 불황에 취업난이 계속되는 요즘, 비교적 여성에 대한 편견이 없는 글로벌 기업들에 대한 젊은 여성들의 관심이 많아지고 있다. 직장 구하기가 하늘의 별따기처럼 어려운 요즘, 글로벌 기업은 더욱 선망의 직장이 되고 있는 것이다. 국내 기업의 정서가 많이 변화되었다고는 하나, 아직까지는 글로벌 기업에서 여성에 대한 차별이 적고 합리적인 시스템을 가지고 있는 게 사실이기 때문이다.

글로벌 기업엔 어떻게 들어갈 수 있을까?

글로벌 기업은 국내 대기업들처럼 정기적인 공채로 직원을 뽑지 않는다.

오히려 필요한 인원이 있을 때마다 불규칙적으로 채용하는 게 보통이므로 채용 타이밍을 놓치지 않는 게 가장 중요하다고 박남희 상무는 충고한다.

글로벌 기업들의 공채 기회는 그리 많지가 않다. 대규모 공채를 정기적으로 혹은 비정기적으로라도 시행한다면 좋겠지만, 대부분의 외국기업에서는 빈 자리가 생겼을 때만 채용을 실시하기 때문에 공채 기회가 별로 없는 편이다.

간혹 조직이 새로 만들어지거나 확장될 때는 대규모 공채가 있기도 하지만, 보통은 경력직에 대하여 잡(job)별로 소수 인원만 그때그때 채용하는 방식을 취한다. 따라서 관심 있는 사람들은 해당 기업의 웹사이트를 항상 살피고, 헤드헌터나 지인들과의 폭넓은 네트워크를 통해 채용 정보를 놓치지 말아야 한다.

들어가기 어렵다고 섣불리 포기하진 마라. 정식 공채 기회가 적은 반면 상대적으로 인턴 기회는 많기 때문에 꼭 정식 직원만 고집하지 않는다면 얼마든지 입사 기회를 잡을 수 있다. 일단 인턴 경험을 통해 일을 파악하고, 자신의 역량을 증명해보인다면 의외로 취업이 쉬울 수도 있다. 목적지에 닿는 길은 한 가지만 있는 게 아니다.

국내 최정상 크리에이티브 디렉터

서은영

스타일은 말한다. 무엇을 생각하고 있는지,
어떤 욕망을 지녔는지, 성격은 어떠한지, 굳이 설명하지
않아도 스타일이 당신의 세계를 표현해준다.
스타일이 살아 있을 때 당신의 욕망도 살아나고
당신의 눈빛도 반짝이기 시작한다.
스타일은 세상 속에 나의 세계를,
나의 존재를 드러내는 일이다.

서은영

1969년생. 국내 최정상급 스타일리스트, 브랜드 컨설팅, 의상디자인, 패션잡지 기자에서 시작하여 '스타일리스트'
라는 당시로서는 새로운 분야에 뛰어들어 스타일리스트가 무엇인지를 온몸으로 보여준 여자. 《인사동 스캔들》의 엄
정화, 피겨스케이터 김연아 선수의 에어컨 광고 등 그녀의 손길이 닿는 곳마다 상상하지 못한 새로운 아름다움과 스
타일이 살아난다. 현재 '베티(Bettie)'라는 회사를 운영하면서 스타일리스트 후진 양성과 함께 사업을 추진하고 있
다, 《스타일 북 I, II》라는 저서를 통해 베스트셀러 작가의 반열에 오르기도 했다.

"스타일은 아름다움이 아니라 나만의 세계를 표현하는 것이다!"

패션계의 까칠한 스타일리스트, 서은영

서은영, 그녀와 인터뷰를 잡는 일은 참 어려웠다. 주중은 물론이고 일요일, 공휴일까지 꽉 찬 스케줄의 빈틈으로 파고들어가야 했으니 말이다. 우여곡절 끝에 압구정동에 있는 베티 사무실에서 그녀를 만났다. 긴 생머리에 동그란 테의 안경, 편안한 차림으로 나온 그녀는 자리에 앉자마자 스타일리스트의 세계가 어떤 것인지 쏟아내기 시작했다.

"스타일은 결국 본질에 대해 접근하는 것입니다. 막연히 아름다워 보이는 것이 아니라 무엇을 말하고 싶은지를 포착해서 그 본질적 의도에 맞게 스타일로 포장하는 일입니다. 배역이 무엇이냐에 따라, 어떤 광고이냐에 따라 혹은 어떤 대상을 위한 것이냐에 따라 적합한 스타일은 모두 달라집니다."

영화, CF, 영화 포스터, 드라마, 잡지나 화보 등 다양한 분야에서 스타일리스트의 도움을 필요로 한다. 아예 스타일 컨설팅을 의뢰하는 경우도 있다. 서은영은 영화《인사동 스캔들》의 여주인공 엄정화와 함께 영화 포스터의 스타일 작업을 마무리한 데 이어 드라마《그저 바라보다가》에 출연하는 여배우 김아중의 스타일도 맡았었다.

그 외에도 수없이 많은 프로젝트들이 폭풍처럼 계속 몰아치고 있는데, 아무리 힘들어도 작업이 끝난 후에 그녀가 제안한 스타일의 아름다움에 사람들이 감동하고 탄성을 지를 때 모든 피곤이 싹 사라진단다.

언제나 일이 매끄럽고 원만한 것은 아니다. 오히려 어떤 프로젝트를 시작하는 단계에서는 의견대립 등으로 갈등을 겪는 일도 허다하다. 의견대립은 보통 스타일에 대한 인식 차이에서 온다. 스타일을 단순히 옷이나 잘 입는 것으로 오해한다거나, 고정관념 때문에 새로운 스타일을 부담스러워 하는 경우가 종종 있기 때문이다. 영화를 제작할 때도 감독이 지나치게 리얼리티만을 살리려 한다면 시선을 끄는 스타일을 살릴 수가 없다. 그런 부분에서 의견을 조율하는 것이 늘 관건이고 어려운 부분이다.

서은영은 현장에서 자신이 창조하고자 하는 스타일을 관철시키기 위해 늘 자기 주장을 하는 편이다. 그러다 보니 그녀는 패션계에서 까칠한 스타일리스트로 통한다. 까칠한 스타일리스트가 누구냐고 하면 모두들 서은영, 그녀를 떠올릴 정도다.

"현장에서 무조건 OK할 수는 없겠죠. 아무리 제작진이 반대해도 저는 처음부터 끝까지 제가 옳다고 믿는 스타일을 주장합니다. 의견대립으로 힘들어질 때도 있지만 적당히 타협할 수는 없어요. 어떤 스타일로 가야 하는지 제 눈에는 보이니까요. 처음에는 반대하던 사람들도 막상 결과가 눈으로 드러나면 만족합니다."

남다른 성과는 공연히 나오는 게 아닌가 보다. 타협하지 않고 자신의 감각과 판단을 밀고나가는 고집스러움이 스타일리스트로서의 그녀의 명성을 다져주었다.

남들이 발견하지 못한 길을 가다

"패션기자를 해보는 게 어때?"

의상학과를 졸업하고 디자이너로서 약 7년 동안 일하다가 IMF가 터지면서 일자리를 잃은 서은영에게 한 선배가 이런 제안을 했다.

디자이너에서 기자로 방향을 전환하는 것이 선뜻 내키지는 않았지만, 파리컬렉션을 맘껏 볼 수 있을 거라는 말에 마음이 움직여 기자생활을 시작했다. 글도 잘 쓸 줄 모르고 컴퓨터 자판도 제대로 외우지 못하는 상황이었는데 말이다. 여러 가지 어려운 일도 많았지만, 파리컬렉션에서 이브 생 로랑 등 유명 디자이너들의 컬렉션을 두 눈으로 보고 느끼면서 말할 수 없는 감동을 받았다.

그녀는 디자이너들이 창조해낸 옷을 스타일리스트가 새롭게 조화시켜놓은 컬렉션을 바라보면서 새로운 세계에 눈을 떴다. 디자이너가 하나의 디자인을 완전히 새롭게 창조하는 사람이라면, 스타일리스트는 하나의 디자인을 가지고도 수없이 다양한 스타일을 만들어내는 존재다. 즉 무에서 유를 창조한다기보다 조화의 아름다움을 만들어내는 사람이다. 스타일리스트 본인의 감각과 시각이 창의적이어야 남과 다른 스타일을 구현할 수 있었다. 그런 스타일리스트의 세계를 엿보며 새로운 도전을 꿈꾸었다. 패션기자로 일하면서 패션과 스타일에 대해 눈뜨자, 스타일리스트로서 도전해보고 싶어진 것이다.

"원래 저는 완전한 무에서 새로운 디자인을 창조해내는 일보다는 여러 가지 컬러와 디자인들 속에서 다양한 조화를 만들어내는 일에 흥미가 있었고, 또 재능도 많았던 것 같아요. 그런 제가 스타일리스트가 되겠다고 결심한 건 어쩜 자연스러운 일이었어요. 패션잡지를 만들면서 그 바닥의 일을 어느 정도 접해볼 수 있었고, 아직 제대로 된 스타일리스트가 없는 미개척 분야였기에 뛰어들기로 마음먹었죠."

패션기자로 일한 지 2년이 지날 무렵, 드디어 그녀는 안정된 회사를 그만두고 스타일리스트로서 도전장을 내밀었다.

"패션잡지에서 화보를 찍는 프로젝트를 여러 번 진행하면서 제가 가진 스타일리스트로서의 재능을 어느 정도 발견했습니다. 물론 새로운 시작은 늘 불안하기 마련이라서 처음에 회사를 그만둘 때는 두려운 마음도 컸죠. 누가 제게 일을 줄까 걱정이 앞서기도 했습니다."

그러나 국내의 스타일리스트 인력 시장이 아직 미개척 분야였기에 자신의 자리가 비어 있음을 직감하고, 자신의 감각과 능력이면 비어 있는 자리를 꿰차고 나아갈 수 있으리라 믿었다. 마침 IMF가 끝나고 새로운 호황이 시작되던 즈음이었고, 그녀는 당당하게 미지의 세계로 뛰어들었다.

새로운 생각이 새로운 스타일을 만든다

"이번 영화에서 내 스타일 좀 맡아줘~. 여주인공의 성격이 잘 드러나야 하거든."

오랜만에 걸려온 지인 엄정화의 전화. 그녀가 영화《인사동 스캔들》의 여주인공을 맡았으니 자신의 스타일을 만들어달라는 주문이었다.

가수이자 배우인 엄정화와의 인연은 이미 오래 전부터 이어오던 터였다. 이전에도 영화 작업에 함께 참여했던 적이 있었는데, 그때는 감독과의 의견 차이로 서은영만의 감각을 담지 못했었다. 리얼리티만을 고집하는 감독과 다양한 감각으로 여배우를 표현하고자 하는 스타일리스트 간에는 본질적으로 시각 차이가 존재했기 때문이다. 엄정화는 이번에는 서은영의 감각대로 해보자면서 손을 내밀었다. 그러나 역시 현장에서는 의견대립이 발생했다.

"여주인공 직업이 큐레이터인데 좀 차분하고 단정해야 하지 않겠어?"

그러나 서은영은 동의할 수 없었다.

"이 여성은 가슴에 독기와 극도의 차가움을 가지고 있어요. 목적을 위해서는 수단과 방법을 가리지 않을뿐더러 사람을 죽이고도 전혀 죄책감을 느끼지 않죠. 그건 아주 강렬할 느낌입니다. 그녀의 스타일은 가슴 속에 있는 남다른 강렬함을 끄집어내서 표현해야 합니다!"

제작진은 블랙 톤의 패션을 원했지만 서은영은 반대했다. 그녀의 강한 욕망을 드러낼 수 있는 스타일을 만들어내야 했으니까 말이다.

엄정화가 등이 훤하게 파인 레드 드레스를 입고 육감적인 뒤태를 자랑하며 긴 복도를 걸어가는 뒷모습은 그렇게 해서 나왔다. 그녀의 악마적 열정, 독기, 욕망 등이 레드 드레스에 둘러싸인 뒤태에서 강하게 느껴졌다.

레드 드레스와 더불어 그녀는 화이트 드레스를 제안했다. 순수를 상징하는 화이트에 대한 고정관념을 깨고, 극도의 차가움을 화이트라는 컬러의 이미지에 담았다. 악의 화신 같은 여주인공의 캐릭터를 레드의 강렬함과 동시에 차가움을 담은 화이트 드레스로 표현한 것이다.

"우리나라는 아직까지 배우들의 패션만 봐주는 사람을 스타일리스트라고 제한적으로 생각하는 경우가 많지만, 스타일리스트는 단지 옷을 잘 입히는 게 아닙니다. 내면의 메시지를 끄집어내 표현하는 것입니다. 이번의《인사동 스캔들》작업에서도 여주인공의 내면적인 세계를 스타일로 표현하고자 한 것입니다."

촬영장에서 엄정화가 레드 드레스와 화이트 드레스를 번갈아 선보이자 제작진 가운데서 기립박수가 터져나왔다. 스타일리스트의 탁월한 감각이 어배우의 새로운 캐릭터까지 창조해낸 것이다.

또 몇 년 전 삼성전자 에어컨인 '하우젠'의 CF 작업에 참여했을 때의 일이다. 여배우 장진영과 기업 측 그리고 CF 감독의 요구사항이 제각기 달랐다.

"여배우로서 럭셔리하고 아름다워 보였으면 좋겠습니다."

"색감이 살아야죠."

"바람의 회전력이 드러나야 합니다."

다양한 요구사항들을 만족시키면서도 다른 회사의 광고와 차별화되는 새로운 시도가 필요했다.

"드레스를 사용해봅시다."

서은영이 '드레스'라는 스타일을 제안하고 나왔다. 당시까지는 에어컨 광고에서 모델이 드레스를 입고 나온 적이 없었기 때문에 사람들은 선뜻 납득하지 못했다.

"드레스요?"

"원단을 길게 늘어뜨려서 바람에 날리게 하는 겁니다. 휘날리는 드레스 자락을 보면서 사람들은 바람을 느끼고, 타사 제품과 달리 고급스러운 브랜드 이미지를 갖게 될 것입니다."

장진영이 드레스를 입고 에어컨 바람을 온몸으로 표현하는 CF는 이렇게 만들어졌다. 예상했던 대로 하우젠 에어컨 광고는 큰 반향을 불러일으켰고, 그 뒤로 에어컨 광고에서는 여성 모델이 드레스를 입는 게 유행처럼 되어버렸다.

현장에서는 언제나 다양한 의견이 존재한다. 그런 다양한 의견을 경청하여 원하는 스타일 안을 제시해주어야 하는 게 스타일리스트의 일이다. 무조건 자신의 취향대로 스타일 안을 제시하는 게 아니다. 고객이 무엇을 원하는지, 어떤 스타일이 목적에 부합하는지를 깊이 있게 분석하여 새로운 시각의 새로운 스타일을 제시하는 것이다.

때로는 고객의 의견을 포기시키고 더 좋은 대안을 제시해야 할 때도 있다. 결과가 모든 것을 대변한다. 의견대립이 있더라도 더 효과적인 스타일을 통해 많은 사람들에게 반향을 일으키는 결과를 낳는다면 고객은 다시 서은영, 그녀를 찾아올 수밖에 없다.

그녀의 남다른 스타일 감각은 어디서 나오는 것일까?

"항상 '왜'라는 질문을 스스로에게 던집니다. 왜 '레드'이어야 하는가, 왜 '화이트'이어야 하는가, 왜! '왜'가 빠진 아름다움이라면 진정한 스타일이 될 수 없습니다. 그냥 핑크가 아름다워서라면 모든 종류의 핑크를 백화점식으로 끌어모아 표현하게 되지만, 왜 핑크이어야 하는가 하는 분석과 기획이 분명하다면 그에 적합한 단 하나의 핑크만을 골라서 조화시킬 수가 있죠. 핑크색에도 수없이 많은 종류가 있는데, 막연한 핑크가 아니라 기획의도에 딱 맞는 바로 그 핑크가 나오는 것입니다."

그녀는 단순히 옷을 멋있게 조합시키는 게 스타일은 아니라고 강조한다. 스타일은 남다른 기획에서 나온다는 것이다.

스타일은 곧 전략이다

탤런트 이혜영이 개인적인 아픔을 딛고 다시 방송을 시작할 무렵이었다.《달자의 봄》이라는 드라마에서 역을 맡았는데, 제작진은 도도하고 화려한 콘셉트의 스타일을 원했고 본인인 이혜영은 오랜만에 드라마를 하는 만큼 여성스럽고 아름다워 보이고 싶어 했다. 제작진은 긴 머리를 해야 한다고 주장했지만, 서은영은 짧은 헤어스타일을 주장했다.

"《달자의 봄》에서의 역할은 이지적이고 차가운 캐릭터입니다. 여성 시청자들의 호응을 얻어내기 위해서는 지나치게 여성적인 아름다움으로 접근하기보다는 차라리 중성적인 매력으로 어필해야 합니다. 그래야 배우의 인기도 살고 드라마에 대한 선호도도 올라갈 수 있어요."

의견은 쉽게 절충되지 않았다. 이혜영이 서은영에게 물었다.

"정말 한번 잘라볼까?"

어느 날 이혜영이 짧은 커트머리를 하고 촬영장에 나타나자 제작진은 화가 나서 서은영에게 전화를 걸었다.

"아니, 도대체 무슨 짓을 한 겁니까? 스타일리스트 맘대로 배우가 머리를 자르도록 하면 어떻게 합니까?"

서은영도 물러서지 않고 자신의 의견을 주장했다.

"시청자들의 반응이 나쁘면 가발이라도 만들어 붙이겠습니다. 그러나 드라마가 뜨려면 머리를 잘라야 할 겁니다!"

제작진과의 의견마찰까지 감수하고서 자른 머리는 성공적이었다. 방송이 나가고 시간이 지날수록 이혜영의 획기적인 헤어스타일은 개성과 매력으로 시청자들에게 각인되었고, 일반 미용실에는 "이혜영 머리로 잘라달라"며 찾아오는 여성들이 많아지면서 유행을 타기 시작했다. 또다시 새로운 스타일로 사람들의 마음을 잡아끌었던 것이다.

"《위대한 캐츠비》, 《프리티 우먼》, 《아웃 오브 아프리카》, 《티파니에서 아침을》 등…, 시대를 초월해 지금까지 사랑받아오는 작품들을 자세히 들여다보면 그 안에 스타일이 있어요. 영화만의 스타일이 존재합니다. 《아웃 오브 아프리카》에서 메릴 스트립의 의상은 디자이너들이 계속해서 영감을 받을 정도로 새로운 콘셉트였죠. 이처럼 스타일이 살아야 작품이 살고, 계속해서 사람들의 사랑을 받을 수 있는 겁니다."

스타일은 단순한 아름다움이 아니라 철저한 분석을 바탕으로 한 전략이 된다. 섬세한 전략들이 세포들처럼 쌓이면서 보는 사람들은 무의식적으로 하나의 메시지를 읽게 되고, 그 스타일을 사랑하게 되는 것이다.

그렇기 때문에 이제는 광고나 영화, 드라마를 찍을 때 반드시 스타일리스트가 참여해야 한다는 인식이 보편화되었다. 과거에는 광고나 영화 등을 찍을 때 스타일리스트 없이 분장이나 의상을 담당하는 사람들이 스타일리스트의 역할을 아울렀지만, 지금은 그런 식으로는 '스타일'이라는 전략을 얻을 수 없다는 것을 잘 알고 있다.

특히 유행에서 앞서가는 패션 선진국에서는 스타일리스트의 영향력이 연예인 못지않다. 스타일리스트가 입는 옷이나 사용하는 액세서리 등의 물건이 시장에서 품절되는 등 스타일리스트의 스타일이 곧 유행과 트렌드를 만들어내곤 한다.

패션쇼도 디자이너 혼자서 한다기보다는 스타일리스트의 손을 거쳐서 다시 조정되는 것이다. 영화 작품이나 영화 포스터 하나를 찍을 때도 전문 스타일리스트가 참여하는데, 스타일리스트는 영화의 콘셉트를 감독과 직접 협의할 정도로 영향력이 크다.

스타일이 살아야 진짜 끌리는 여자

몇 년 전 김연아 선수가 대통령의 초청으로 청와대에 다녀온 뒤 서은영에게 전화가 왔었다. 김연아는 피겨스케이팅 대회장에서뿐만이 아니라, 이제는 대회장 밖의 비공식적인 자리에서도 무엇을 입을까 무척 신경이 쓰인다면서 자신의 스타일에 대해 조언해줄 수가 있느냐고 했다.

김연아 선수의 광고 CF를 함께 진행한 적이 많았기 때문에 흔쾌히 돕겠다고 했다. 비즈니스 관계라기보다 친분이 있는 지인으로서 스타일에 대한 조언을 해주었던 것이다.

김연아 선수와 같은 유명인이나 연예인뿐만 아니라 요즘은 일반인들도 자신의 외모나 스타일에 많은 관심을 쏟는다. 단순히 예뻐 보이기보다는 자신만의 스타일을 연출하고 싶어 한다. 스타일리스트인 서은영의 경우 평상시에는 편하게 입고 다니는 편이다. 튀기보다는 클래식한 차림을 선호한다.

"화려한 차림은 금세 싫증날 수 있지만, 클래식한 스타일은 여유 있고 편안하면서도 우아할 수 있습니다. 지나치게 유행에만 집착하면 우스울 수 있지만, 클래식한 차림은 두고두고 아름다울 수 있어서 좋거든요."

이처럼 자신에게 어울리는 스타일을 스스로 발견해서 발전시켜나가야 한다고 서은영은 말한다. 어떻게 하면 자신만의 스타일을 연출할 수 있을까? 서은영이 말하는 노하우는 다음과 같다.

첫째, 주체 못할 끼를 가져라.

보통 사람들은 돈이 기본적으로 있어야 멋진 옷이나 액세서리도 살 수 있고, 멋을 낼 수 있다고 생각한다. 그러나 스타일리스트 서은영은 그러한 전제는 절대로 인정하지 않는다. 돈이 아니라 끼가 있으면 된다는 것. 교복을 입는 학생들 중에도 끼가 있고 멋 내는 데 감각이 있는 사람은 어떻게 해서든지 튈 수 있도록 옷을 입고 다닌다.

교복 스커트를 올려서 입기도 하고, 애교머리를 만들기도 한다. 용돈도 부족하고 교복이라는 제한적인 복장이지만 남들과 다르게 보이려고 노력을 한다. 이처럼 돈이 없어도 끼와 감각만으로 충분히 멋을 낼 수 있다.

둘째, 닮고 싶은 모델을 정한 뒤 일단 그 스타일을 모방하라.

처음부터 스타일리쉬~한 멋쟁이로 태어나는 것은 아니다. 수없이 많은 시행착오를 거치면서 자신만의 스타일이 생기는 것이 보통이다. 그러니 처음에는 자신이 닮고 싶은 롤 모델을 정하는 것이 좋다.

이효리 스타일이라든가, 엄정화 스타일이라든가, 자신이 동경하는 누군가의 패션과 스타일을 롤 모델로 정해두고, 그들의 패션과 스타일을 일단은 따라해보는 게 좋다. 창조는 모방에서 나온다. 자신만의 스타일은 모방에서 비롯될 수 있다.

셋째, 시행착오를 통해 감각을 길러라.

롤 모델의 스타일을 관찰하면서 직접 따라 하다 보면 자신에게 어울리는 것도 있고, 어울리지 않는 것도 발견된다. 좋은 것은 취하여 자기 스타일로 만들고, 어울리지 않았던 것은 과감히 버린다.

이런 시행착오가 쌓이다 보면 단순히 따라 하는 수준이 아니라 나에게

만 어울리는 모습이 어떤 것인지를 찾아낼 수 있는 능력이 생긴다. 자신의 몸과 성향에 맞는 스타일을 스스로 발견하게 되고, 또 발전시켜나갈 수 있게 된다. 감각의 내공이 길러지기 시작하고 한 단계 업그레이드된 자신만의 스타일이 붙기 시작한다.

자기만의 새로운 스타일을 만들어가려면 용기가 필요하다. 새로움에 도전해야 하기 때문이다. 그러한 도전을 통해 시행착오를 하고, 감각을 기르면서 자신감이 붙고, 그러면서 자신만의 스타일이 자연스럽게 만들어진다. 자신감이 있어야 스타일이 살고, 스타일이 살아야 자신만의 매력을 발산할 수 있다.

열정으로 길을 만든다

스타일리스트라는 직업에 대한 관심은 날로 늘고 있다. 특히 유명 연예인과 늘 함께 일하고 화려한 패션계의 한 중심에서 활동한다는 매력 때문에 젊은 여성들이 많이 선호하는 일이다.

연예인만큼 화려해보이는 스타일리스트의 세계는 겉모습만큼이나 정말 화려할까? 서은영은 실상은 전혀 화려하지 않다고 말한다. 시시한 일이라는 뜻이 아니고, 치열한 노력이 필요한 현장이라는 뜻이다.

현장에서는 때론 바느질까지 직접 해가면서 돌변하는 옷의 콘셉트를 구현해야 하기도 하고, 무거운 짐을 들고 따라다니면서 함께 밤샘하는 일은 당연한 일상이다. 영화에 출연하는 배우의 스타일을 맡았을 경우에는 촬영 현장을 따라다니며 일하게 되는데, 촬영 시나리오에 따라 장소를 옮길 때면 스타일리스트들은 우스갯소리로 "자, 하녀들 이동!"하고 말할 만큼 일이 고되다.

"스타일과 스타일리스트에 대한 사람들의 관심이 증가하다 보니, 정말 많은 청소년이나 젊은 여성들이 문의전화를 해옵니다. 때로는 직접 저를 찾아와 일만 배울 수 있다면 무엇이든지 할 수 있다고 열의를 보이는 사람들도 많습니다. 그러나 정작 기회를 주면 끝까지 버티지 못하고 그만둬버리는 경우가 허다해요."

스타일리스트 일은 막상 발을 담가보면 자리 잡기가 쉽지 않은 일이란 걸 깨달을 것이다. 겉으로 보이는 화려한 모습만을 동경해서 그 세계의 일부가 되기를 원하는 사람이 많은데, 대부분은 그러한 화려함을 이루기 위해 얼마나 바닥부터 차고 올라가야 하는가 하는 현실과 마주하면 그만 포기해버린다. 그래서 서은영은 "단순히 연예인을 가까이에서 볼 수 있다는 이유만으로, 또 화려함에 대한 동경만으로 시작해서는 버티기 힘든 곳이다. 정말 일 자체를 사랑하는 마음을 확신할 수 있는 사람이 도전해야 한다"라고 말한다.

그래도 최근에는 스타일리스트에 대한 인식이 많이 나아져서 앞으로의 전망도 대단히 밝은 편이지만, 과거에는 스타일리스트가 무슨 일을 하는 건지에 대해서 사람들이 인식하지 못했었다. 스타일리스트라는 이름으로 일하는 이들이 있었으나, 단순한 코디네이터나 분장사에 그치고 있었다. 영화감독이나 제작진들도 "스타일리스트가 별도로 필요한가?" 하고 의문스러워 하던 때였다.

"제가 처음 일을 시작할 때는 스타일리스트라는 직업에 대한 인식이 별로 없었어요. 영화에서도 분장을 담당하는 사람이 스타일까지 아우르고 일했죠. 그러나 몇 년 사이 그러한 인식이 많이 변화되어서 최근에는 중요한 영화나 광고 등에서는 전문 스타일리스트가 참여하는 게 당연시되고 있습니다."

어쩌면 서은영은 자신의 열정으로 스타일리스트라는 길을 새롭게 만들어온 셈인지도 모른다. 이제 그녀 앞에서 아무도 "스타일리스트가 별도로 왜 필요한가?"라고 묻지 않는다.

"스타일리스트는 단순히 겉치장을 해주는 일이 아니라 누군가의 세계를 표현하면서 계속해서 무언가를 창조하는 일입니다. 좋은 스타일을 입혀주면 여배우의 눈빛까지 달라지죠. 스타일은 배우의 숨겨진 끼를 끄집어내기도 하고, 때론 하나의 캐릭터를 창조하는 힘을 가지고 있습니다."

그녀는 폴 호건이라는 화가의 "창조하지 않는 사람은 계속해서 남이

만들어놓은 세상에서 살고 있는 것과 같다"는 말을 좋아한다. 끊임없이 새로운 세계를 창조하는 것이 바로 스타일리스트로서 그녀의 일이기 때문이다.

그녀는 자신이 직접 기획하고 창조해낸 스타일을 덧입은 어떤 배우가 혹은 어떤 영화가 새로운 아름다움을 발산하며 세상에 없던 새로운 유행을 만들어낼 때, 그리고 그것에 사람들이 열광할 때 보람을 느낀다.

"외국처럼 영화 전체의 스타일 작업을 해보고 싶어요. 비록 영화 작업은 수익성이 높지는 않지만 스타일리스트로서 매력을 느끼는 작업이죠. 또 외국에 나가보면 도시 전체의 스타일이 느껴지는 곳이 많은데, 도시의 스타일을 만드는 일을 하고 싶고, 또 해볼 계획입니다. 프로젝트 위주로 접근해야겠죠."

　스타일리스트에 대한 인식 자체가 전무했던 척박한 환경에서 시작하여 몸소 길을 만들어내면서 국내 정상급 스타일리스트 자리에 오른 그녀는 앞으로도 한참 달려갈 것으로 보인다. 좋은 스타일을 입혀주면 여배우의 눈빛까지 달라지듯이, 그녀는 자신이 창조한 스타일 안에서 영화와 도시가 그리고 그 안의 사람들의 눈빛까지 달라지기를 소망한다.

focus

학원보다는 현장에서
배우고 길 닦아야

학원보다는 현장에서 실무로 배운다

스타일리스트라고 하면 흔히 패션만을 떠올리지만, 최근에는 푸드스타일리스트도 보편화되고 있다. 어떤 분야든지 스타일리스트라는 일이 존재할 수 있다. 우리나라에서는 아직까지 패션 분야의 스타일리스트가 주를 이룬다.

스타일리스트가 되는 코스는 아직까지 안정적이지 않다. 최근에는 스타일리스트에 대한 인식이 높아져서 대학에서도 관련 전공이 있고 전문학원도 많이 생기고 있지만, 전공을 하고 학원을 다녔다고 해서 스타일리스트가 될 수 있는 건 아니다. 그보다는 유명 스타일리스트의 어시스턴트로 들어가 일을 배우면서 커나가는 게 일반적이다. 직원이기보다는 스승과 제자로 배우는 도제식이다 보니 스승을 제대로 만나지 못하면 월급도 제때 못 받으면서 고생스럽게 일을 익히는 경우도 허다하다. 일을 배우는 동안에는 돈을 벌 엄두는 내지 않는 게 좋다.

유명 패션 잡지사에 들어가 간접적으로 패션 관련 일을 배우고 인맥을 넓히면서 스타일리스트 일을 하게 되는 경우도 있지만, 그나마 그런 사람은 운이 좋은 경우에 해당한다.

자리 잡기까지 고생을 넘어서면 억대 연봉도 안 부럽다

스타일리스트는 처음엔 기본적인 생계비조차 기대하기 힘들 만큼 어려운 일이지만, 어느 정도 경력이 쌓이고 그 바닥에서 이름이 좀 알려지면 고수익도 노려볼 수 있다. 중도 포기하지 않고 꾸준히 경력을 쌓아서 5~6년차가 되어야 연봉 5~6,000만 원 정도에 해당하는 수입을 올릴 수 있다. 그 뒤엔 웬만한 대기업에서 일하는 비슷한 연령대 사람들의 연봉을 앞서게 되고, 자신의 감각과 능력에 따라 월 수천만 원에 이르는 고수익도 가능하다.

그런 경지에 이를 때까지 버틸 수 있느냐가 관건인 셈이다. 갈 길이 멀고 험하기 때문에 경력을 쌓아 자신만의 명성을 얻고, 확고하게 자리매김을 하기까지 인고의 시간이 필요하다.

스타일리스트로 성공하려면

힘들게 올라갔어도 신뢰를 잃는 것은 한순간일 수 있다. 계량화되기 힘든 하나의 아름다움을 창조하는 일이기 때문에 반응이 안 좋으면 한순간에 그동안의 노력들이 물거품이 될 수도 있다. 그러므로 항상 탁월한 스타일을 창조해내야 하며, 그러기 위해선 정확한 판단력, 기획력, 커뮤니케이션 능력, 시장에 대한 예측 등이 가능해야 한다.

아름다움과 스타일을 추구하는 직업으로는 스타일리스트 외에도 뷰티아티스트나 코디네이터 등이 있는데, 스타일리스트와는 조금 구별되는 일이다. 메이크업아티스트는 화장과 분장에 관한 일이고, 우리나라에서 코디네이터는 보통 의상에 국한된 일을 하는 사람을 일컫는다. 이에 비해 스타일리스트는 보다 종합적인 조화를 추구하는 사람이다.

스타일이 중시되는 프로젝트에서는 스타일리스트가 자신이 기획하는 스타일에 맞추어 포토그래퍼와 메이크업아티스트, 코디네이터 등을 직접 선정하기도 한다. 그만큼 전체적인 방향을 종합적으로 관리하는 사람이기 때문이다.

그야말로 스타일리스트로 성공하려면 풍부한 감성과 패션 감각, 여기에 전략가의 냉정한 판단력이 함께 어우러져 하나의 스타일을 창조해내는 연금술사가 되어야 한다.

tip

스타일리스트 서은영이 말하는

잘나가는 스타일리스트 되는 법

나만의 시각으로 나만의 조화를 만들어내야!

서은영은 인정받는 스타일리스트가 되기까지 끊임없는 인내와 노력이 필요하다고 말한다. 물론 감성과 감각, 재능도 필요하지만, 그것들은 나이가 들수록 도태될 수 있기 때문에 전적으로 의존하기는 어렵다. 그런 것에만 의존하면 언젠가는 젊은 세대들에게 밀릴 수밖에 없다. 감각과 재능을 기본으로 하여 열정과 노력으로 자신의 DNA까지 개발해나가야 한다는 것이다. 그녀가 제자들에게 강조하는 몇 가지 노하우들을 정리해보았다.

첫째, 밑바닥 초짜 시절을 감수하라.

경력이 쌓이기까지 서러운 일은 수도 없이 겪는다. 수입은 거의 없다시피하고, 현장에서 일하다 보면 자존심 상하는 일도 부지기수다. 일반 기업에 들어가서 월급 받는 친구들과 비교해보면 "내가 왜 이 고생을 하고 있지" 하는 회의가 들 때가 한두 번이 아니다. 그러나 경력이 쌓여서 조금 인정받기 시작하면 상황은 완전히 역전될 수 있으니 밑바닥 초짜 시절을 감수하라. 그것이 잘나가는 스타일리스트 되기 위한 첫 번째 관문이다.

둘째, 눈과 감성을 열어둬라.

스타일은 눈과 감성에서 비롯된다. 일단 많이 보고 안목을 길러야 한다. 또 안목만 높다고 스타일을 제대로 만들어낼 수 있는 것은 아니다. 감성이 풍부해야 남과 다른 독특하고 창의적인 방법으로 접근할 수 있다. 결국 스타일리스트는 눈과 감성을 활짝 열어두고 항상 깨어 있어야 한다. 그냥 보는 게 아니라 어떻게 바라봐야 하는지를 생각하고, 그냥 듣는 게 아니라 어떻게 들어야 하는지를 늘 생각한다면 자기의 감성과 재능이 업그레이드되는 것을 스스로 깨닫게 될 것이다.

셋째, 상황 파악은 빠르고 정확하게 하라.

사실, 재능이 모자라서 성공하지 못하는 경우는 별로 없다. 재능은 기본이고 스타일리스트는 상황 파악이 빨라야 한다. 상황 파악이 빠르고 정확한 사람은 스타일리스트로서 최소한 실패하지 않는다. 영화제나 시상식의 단골메뉴인 워스트 드레서 혹은 베스트 드레서 선정은 상황에 맞는 옷을 입었느냐, 안 입었느냐에 달려 있다. 스타일리스트는 상황과 목적에 가장 딱 맞는 스타일을 찾아주는 사람이니만큼 상황 파악이 빠르고 정확해야 한다.

넷째, 패션 감각뿐 아니라 전략과 시각을 갖춰라.

보통 패션 관련 학과를 전공하고 옷에 관심이 많은 젊은 여성들이 스타일리스트라는 직업을 선호하는 경우가 많다. 스타일리스트로서 일을 해나가기 위해서는 기본적으로 옷과 패션을 좋아하는 기질이 필요하기도 하다. 그러나 그것만으로는 인정받는 스타일리스트가 될 수 없다. 스타일리스트는 아무런 의미 없이 흩어져 있는 혼돈된 가운데에서 의미 있는 하나의 스타일을 만들어내야 한다. 혼돈에서 조화를 만들어내는 것이다. 그러기 위해서는 상대방이 어떤 것을 원하는지, 스타일을 봐줄 소비자의 트렌드는 어떠한지, 고객의 전략이 무엇인지 등을 치밀하게 분석할 수 있어야 한다. 그리고 다양한 요구와 시각들을 조율하여 하나의 대안을 제시할 수 있어야 한다. 옷 잘 입는 스타일리스트는 많다. 그러나 인정받으려면 감성적인 패션 감각은 기본이고, 기획력이나 커뮤니케이션 능력 등이 뒷받침해주어야 한다.

MBC 《일요일 일요일 밤에 – 우결, 오빠밴드》 PD

선혜윤

> 거장을 꿈꾸지 않는다. 다만 따뜻한 시선을
> 담고 싶을 뿐이다. 치열하기보다는 시청자들의
> 마음에 위안과 즐거움을 주는 프로그램으로
> 다가가고 싶다. PD의 이름이 아니라
> 프로그램의 이름으로 기억되고 싶다.

선혜윤

1978년생. MBC 예능국의 프로듀서. 서울대학교에서 독어교육학을 전공한 후 2001년 MBC에 입사하여 《섹션TV 연예통신》, 《코끼리》, 《소울메이트》 등을 연출하였고, 최근엔 《일요일 일요일 밤에》의 〈우리 결혼했어요〉와 〈오빠밴드〉를 진행한 바 있다. 2006년 국민 MC 신동엽 씨와 결혼하여 슬하에 딸 하나, 아들 하나를 두고 있다.

"나의 프로그램은
위로와 웃음의 메시지이고 싶다!"

처음부터 예능 프로로 시작해서 10년차

MBC 일산방송국에서 만난 선혜윤 PD는 올해로 MBC 방송국에 입사한 지 10년차다. 조연출 기간을 거쳐 입봉한 지는 3년, 공채 당시 그녀를 눈여겨본 선배가 예능국으로 추천한 이래 지금까지 예능 프로와 인연을 맺어오고 있다.

그녀는 자신이 PD가 되리라고는 전혀 생각지 못했단다. 대학에 다닐때만 해도 미학이나 예술사 쪽으로 계속 공부할 계획이었지만, 아버지의 반대에 부딪혀 포기해야만 했다. 대신 PD를 뽑는 방송국 공채에 지원하기로 했다. PD가 무슨 일을 하는 사람인지조차 제대로 알지 못했으면서…. 그런데 어떻게 진로를 바꾸면서 PD가 되겠다는 생각을 했을까?

대학에 다닐 때 이홍렬, 이휘재 씨가 진행하는 《형 어디가?》 프로에 참여한 것이 PD라는 직업을 처음 접해본 경험이었다. 《형 어디가?》에서는 대학생들이 참여해 퀴즈를 푸는 코너가 있었는데, 거기서 선발된 학생들은 해외여행의 기회를 잡을 수 있었다. 당시 대학생이었던 선혜윤은 그 코너에 도전해 선발되는 기쁨을 누렸다. 그때 PD라는 일을 간접적으로 체험해볼 수 있었다.

또 어릴 때부터 텔레비전 보는 게 가장 큰 취미요, 낙이었단다. 텔레비전 보기를 좋아하던 어린 소녀가 커서 PD가 되었으니 적성을 잘 찾아간 셈이랄까?

여하튼 공부를 귀신 같이 잘해야 겨우 합격한다는 PD 공채를 선혜윤은 어렵지 않게 통과할 수 있었다. 운도 좋았지만, 그보다는 평소 공부가 기반이 되었기에 높다고 정평이 난 방송국 턱을 넘을 수 있었다.

하지만 처음부터 PD가 되고자 한 게 아니었기에 필기 시험 준비가 많이 미흡했었다. 그래도 평소에 영어 공부는 어느 정도 해둬서 다행이었다. PD 공채를 염두에 둔 뒤로 그녀는 상식 과목을 집중적으로 파고들었다. 솔직히 문제가 너무 어려워서 찍은 것도 많았다며 선PD는 웃는다.

모든 테스트를 통과하고 방송국에 입사한 그녀를 기다리는 곳은 예능국이었다. 자신이 PD가 되리라고는 전혀 생각지 못했다던 그녀는 자신이 예능 PD가 되리라고는 더더욱 생각지 못했었다. 그런 그녀가 예능 프로를 맡게 된 건 순전히 자신도 몰랐던 자신의 숨겨진 재능을 발견해준 선배 덕분이었다.

"그 선배가 제 입사 시험 답안을 봤나 봐요. 3차 시험 때였는데, 전

'놀이터를 설계해보라'는 과제의 답으로 '지하의 놀이터'를 생각해냈어요. 아마 다른 응시생들이 제출한 답안보다 제 것이 많이 튀었나 봐요."

'지하의 놀이터'라는 독특하고 참신한 발상은 당시 심사에 참여했던 어떤 한 사람의 눈에 들었고, 그가 선혜윤을 예능국에 추천했다는 사실을 입사 후에 우연히 알게 되었다고 한다. 모든 프로가 그렇겠지만, 예능 프로는 특히 참신하고 재미있는 아이디어가 필요한 분야이기에 그런 판단을 한 것이다.

여하튼 그 어렵다는 공채를 당당히 통과해 방송국에 발을 디딘 선혜윤은 다른 동기들과 마찬가지로 혹독한 조연출 시기를 거쳐 정식 PD로 입봉할 수 있었다. 신입사원 시절, 유승준과 이범수 씨가 진행하던 한 프로에서 ARS 투표를 진행하는 코너를 담당하게 된 그녀, 당시 그녀가 맡은 역할은 '타임 키퍼(time keeper)'였다.

"제 사인에 따라 진행자들이 프로를 급하게 마무리했는데, 알고 보니 끝날 시간이 아직 남아 있는 거예요. 몇 분 더 주기로 했다는 사실을 제가 모르고 있었던 거죠. 생방송인데 시간이 남다니! 너무 당황해서 어찌할 바를 모르겠더라고요."

지금 생각해보면 그리 큰 실수도 아니고, 방송하다 보면 종종 일어나는 일인데도 불구하고 신입사원 시절에는 꽤 충격적인 일이었단다. 일시적으로 자괴감에 빠져 괴로워했지만 다음 일이 너무 바쁘게 돌아가다 보니 금세 잊혔다고. 연차가 올라갈수록 회의나 미팅이 이어지니 과거의 실수 따위에 연연해할 겨를도 없다.

신영&성록 커플의 '비포 선라이즈 미션'은 이렇게 만들어졌다

얼마 전 선혜윤은 일요일에 방송되는 〈우리 결혼했어요〉의 선임 PD 로서 활동한 바 있었다. 선임 PD의 역할은 한 커플의 진행만을 관리하는 게 아니라 모든 커플을 관리하면서 전체적인 맥락을 잡아주는 일이었다. 여러 커플 중에서도 가장 기억에 많이 남는 커플은 김신영&신성록 커플이다.

"처음 '우결'을 맡았을 때 신영&성록 커플로 시작해서 그런지, 그 커플에게 자연스레 애착이 많이 갔어요. 신영 씨는 겉보기와는 달리 정말 여성스럽고 정이 많은 성격이었고, 성록 씨는 보이는 대로 장난기 많은 훈남이었죠. 서로가 맡은 역할에 굉장히 열심인, 보기 드문 커플이어서 PD인 저도 더욱 의욕적으로 일할 수 있었어요. 그만큼 그 커플에게 정도 많이 갔죠."

신영&성록 커플은 나중에는 시청자들의 사랑을 많이 받는 커플로 우뚝 섰지만, 처음에는 암초에 걸려 위기를 맞기도 했다. 매주 일요일에 방송되는 〈우리 결혼했어요〉의 촬영일은 보통 월요일, 화요일경. 그런데 화요일에 촬영이 잡혀 있던 성록 씨의 스케줄에 차질이 생겨 촬영을 못하게 된 것이다.

원래 준비했던 방송 콘셉트에 맞춰 모든 준비를 끝내고, 이제 촬영만하면 되는 시점에서 출연자가 못 온다니…. 남은 시간은 오직 새벽 2시부터 다음 날 아침 9시까지. 그때까지 촬영을 마치지 못하면 일요일에 방송이 나갈 수가 없게 되는 긴박한 상황이었다.

긴급회의가 열렸다. 이대로 이 커플을 포기해야 하나, 무슨 다른 방법이 없을까? 서로 머리를 맞대고 대안을 모색하던 중에 누군가 아이디어를 내놓았다.

"비포 선라이즈 미션으로 갑시다. 해 뜨기 전까지, 모든 과정을 하룻밤에 해치우는 거예요. 결혼식도 새벽에 하고, 동선을 최소화해서 속전속결로 밀고나가는 콘셉트로 말입니다."

"비포 선라이즈?"

"동트기 전에 커플을 성사시킨다!"

"그래! 마지막에 결혼생활을 계속할지, 본인들이 결정하는 거야!"

드디어 7시간의 촬영이 시작되었다. 이동 시간도 절약하기 위해 리무진을 대기시키고 그 안에서 급행 결혼식을 거행하게 만들었다. 동선을 최소화하기 위해 명동에서 신혼여행을 대신하고 남대문에서 아침식사를 하면서 마지막 미션을 받게 했다. 마지막 미션은 결혼생활을 계속할 마음이 있으면 지하철을 타고 가다가 같은 역에서 내리는 것. 신영과 성록은 회현역에서 내려 감동의 재회를 한다.

"까꿍, 라꿍이 갈게."

"라꿍, 왜 이제야 온 거야."

이색적이고 파란만장한 신영&성록 커플의 첫 방송은 시청자들에게 많은 웃음과 감동을 선사했다. 선PD는 첫 방송을 "위기였는데 기회가 된 경우"라고 말한다. 방송일을 하다 보면 언제나 의외의 변수가 도사리고 있다. 모든 상황에 대처하면서 스태프를 이끌고 프로그램을 살리는 일이 바로 PD의 역할이다.

이렇게 맺어진 신영&성록은 두 사람 모두 운동선수 출신이다 보니 금세 친해졌다. 하지만 너무 친하니 동성친구 같아서 부부라는 느낌이 다소 부족했다.

"두 사람이 친할수록 PD로서 저의 시름도 깊어지죠. 신영&성록 커플을 진행하면서는 두 사람이 친구로 보이지 않고 부부로서 알콩달콩한 분위기를 연출할 수 있는 촬영 아이템을 개발하는 데 초점을 맞춰야 했어요^^."

어떤 커플이든지 첫 방송이 어렵다. 선혜윤은 커플의 첫 만남에서는 서로 어색해하면서도 설레고 긴장된, 이제 막 시작된 연인들의 풋풋한 긴장감을 연출하는 데 초점을 맞추었다. 첫 단추를 끼운 뒤에는 커플에 따라 조금씩 달라졌는데, 앞 방송을 보고 있으면 "다음에 이렇게 이어가면 재미있겠다" 싶은 아이디어들이 계속 떠오르곤 했다.

어떤 프로든 프로가 계속되는 내내 PD의 머리는 쉴 수가 없다. 끊임없이 개선점을 찾고, 더 재밌는 프로를 만들어가야 하기 때문이다.

대본보다는 순간적인 필~이 중요해

선혜윤은 예능 프로의 묘미는 '생생함'이라고 말한다. 특히 리얼 프로그램인 〈우리 결혼했어요〉의 경우 정해진 대본이 없기 때문에, 모든 방송은 짜인 각본대로 찍은 것이 아니라 실제 상황을 시청자들에게 전달하는 느낌이 강하다. 그야말로 출연진들의 캐릭터가 여과 없이 생생하게 전달된다.

"실제 상황을 그대로 보여주는 프로그램의 특성상 '우결'은 대본이 따로 없어요. 그러다 보니 출연자들의 역할이 중요한데, 서로 아웅다웅하면서도 금세 친해지더라고요. 자연스레 재미있는 상황들도 더 많이 연출되곤 하죠."

출연자들은 그때그때 주어진 상황에 맞춰 스스로의 재치로 분위기를 이끈다. 대사도 전부 평소 본인들이 쓰는 말 그대로다. 제작진은 출연자들의 개성을 살리면서 촬영을 이끌어갈 뿐이다. 그런 만큼 출연자들의 개성과 성격, 인간미가 숨김없이 드러난다. 시청자들은 솔직담백한 프로그램에서 재미와 카타르시스를 동시에 느끼게 된다.

"예능 프로를 진행하다 보면 늘 조마조마하고 심장이 터질 것만 같아요. 준비한 촬영을 못하게 되는 경우도 있고, 대본 없이 촬영하는 도중에 의외의 돌발 상황이 생기기도 하죠. 정말 한순간도 긴장을 늦출 수가 없다니까요."

이처럼 대본 없이 진행되는 프로는 리얼해서 더 웃기고 재미있을진 몰라도 PD들에겐 숨 막히는 긴장의 순간일 뿐이다.

MBC《일요일 일요일 밤에》의 한 코너였던 〈차승원의 헬스클럽〉에 헬스트레이너 최성조 씨가 출연했을 때의 일이다. 차승원 씨가 최성조 씨를 향해 애드리브를 날렸다.

"날씬하고 탄탄하고…. 와우! 몸매가 '간고등어'처럼 잘 빠졌네요."

그 순간 선PD의 뇌리에 '간고등어'라는 말이 짭짤하게 박혔다.

"간고등어? 어, 이 말 괜찮네. 최성조 씨와 잘 어울려!"

느낌이 왔다. PD로서의 감이 발동한 것이다. 선혜윤은 그때의 감을 기억하고 있다가 기획회의에서 이렇게 제안했다.

"간고등어 콘셉트로 밉시다. 진행할 때도 '최성조'라는 이름 대신 '간고등어'라는 별명을 부각시키고, 자막에도 자꾸 넣어 간고등어라는 새로운 캐릭터를 창조하는 거예요."

간고등어의 약발 때문이었는지 최성조 씨는 유명세를 탔고, 프로그램 역시 좋은 반응을 얻었다. 이처럼 PD의 역할은 광범위하다. 단순히 촬영을 준비하고 진행하는 역할이 아니라, 관련된 모든 범위에서 아주 세세한 부분에서까지 아이디어를 발휘해야 하기 때문이다.

PD의 역할은 여기서 끝나지 않는다. 요즘 예능 프로의 꽃은 '톡톡 튀면서 웃기는 자막'이라고 해도 과언이 아니다. 그 정도로 자막이 결정적인 역할을 하고 있는데, 이게 작가의 몫이 아니라 PD의 몫이라는 거다. 자막이 잘 나와야 시청자들을 배꼽 빠지게 맘껏 웃겨줄 수 있다.

그래서 선혜윤은 매주 제작 마무리 단계가 되면 으레 편집실에서 날밤을 샌다. 조연출이 미리 만들어놓은 가편집 영상을 보면서 자막을 만지고 손보는 등 종합편집을 하는 것이다.

이때 촬영분 중에서 가장 절묘한 표현, 가장 센스 있는 언어를 끄집어내 자막으로 만들고, 다듬고, 손보며 정성을 기울인다. 그리고 가편집을 종합편집으로 완성한다. 여기에 음악이나 웃음소리를 더빙하고, 가편을 수정 보완하다 보면 어느새 창가가 훤하게 밝아온다.

프로그램을 기획하고 방향을 잡는 것이 앞에서 끌어나가는 PD의 역할이라면, 자막을 만지고 종합편집을 하는 것은 시청자들과 소통하기 위해 보이지 않는 곳에서 이뤄지는 마지막 수고인 셈이다.

모든 스태프, 출연자들과의 믿음과 친화가 중요

PD는 개인플레이보다는 팀플레이를 잘해야 한다. 선PD는 특히 예능 프로는 스태프와의 친밀함과 신뢰가 중요하다고 말한다. 그래서 그런지 〈우리 결혼했어요〉는 진행되는 내내 스태프 사이에서 웃음이 그치지 않는다.

"예능 프로이다 보니 재밌는 일이 많아요. 아이디어 회의할 때도 서로 웃긴 이야기를 하면서 영감도 주고, 게다가 논의하는 아이템 자체가 웃음을 주는 성격이잖아요? 회의 내내 웃다가 끝내는 경우도 있을 정도예요. 제게 스태프는 또 하나의 가족이에요."

회의를 할 때도 선후배를 가리지 않고 자유롭게 의견을 내놓고 아이디어를 말한다. 절대로 새로운 생각에 제한을 두지 않는다. 때로는 의견이 대립되기도 하지만 흉허물이 없다.

제작 스태프뿐만 아니라 〈우리 결혼했어요〉의 출연진들도 마찬가지다. 서로 친해지지 않으면 방송이 제대로 흘러가지 못하고, 시청자들의 예리한 눈에 금세 드러나게 마련이다. 출연이 결정되기 전 선PD는 물망에 오른 출연자들과 직접 인터뷰를 한다.

"아주 깊이 있는 인터뷰를 가져요. 어린 시절의 소소한 이야기서부터 식성, 과거의 연애 경험과 사연도 물어보고, 하다못해 양말 색깔까지 물어볼 정도죠. 이렇게 캐릭터를 완전히 이해하고 난 뒤에 어떤 남자와 어떤 여자를 부부로 매치시킬까를 고민하죠."

출연진들도 PD의 판단과 결정을 믿고 따라준다. 신영&성록 커플을 매치할 때도 누가 짝으로 나올지 당사자들은 몰랐다. 방송에 이미 나간 대로 농구장에서 첫 만남을 갖기 전까지 서로의 신부와 신랑이 누군지 모른 채 방송에 임한 것이다.

밤샘을 할 때도 촬영장 안은 늘 화기애애하고 웃음 만발이다. 집보다 방송국에 머무는 시간이 더 길다 보니 서로 친해질 수밖에 없고, 또 친해지지 않으면 완전한 호흡이 이뤄지기 힘들다. 서로에게 마음을 완전히 열고, 심지어 사생활까지 터놓고 지낼 정도로 다들 친밀하다. 그러한 가족적인 팀워크의 중심 역할 또한 PD의 몫이다.

PD는 개인플레이보다 팀워크에 강해야 한다. 또한 맨 앞에서 프로그램을 지휘하는 까닭에 리더십과 추진력도 필수적으로 갖추고 있어야만 한다. 그렇다고 해서 PD가 독단적으로 팀을 이끌 수 있다는 뜻은 아니다. 리더십이 중요한 만큼 스태프와의 친화, 팀워크가 중요하다.

PD는 어떤 성향의 사람, 어떤 연령의 사람들과도 함께 어우러져 팀을 이루고 영향력을 발휘할 수 있어야 한다. 팀워크가 깨지면 프로그램을 제대로 진행할 수가 없고, 나쁜 영향을 받을 수 있다.

환상은 버리고 '몸' 으로 뛰어야

PD들이 바쁜 직업이라는 것은 익히 알려진 사실이다. 한 사이클이 정신없이 돌아가는 사이사이에 다음 회 아이템을 발굴하고, 촬영 콘셉트를 의논하고, 소품 등을 미리 챙기는 등 이번 주와 다음 주 방송분을 동시에 진행시켜야 한다. 방송국에서 거의 살다시피 한다는 말이 허풍만은 아닌 것이다. 현란한 웃음을 선사하는 프로그램의 뒷면엔 이 같은 제작진들의 치열한 고군분투가 숨어 있다.

"일주일이 정말 정신없이 지나가요. 예를 들어 일요일에 방송되는 프로라면 월요일, 화요일에 촬영을 준비해서 늦어도 수요일까지는 촬영을 전부 끝내야 합니다. 그리고 목요일에는 그 주에 방송 나갈 분량에 대한 가편집이 진행되고, 금요일에는 자막을 정리하면서 가편집한 것을 보완하는 등 종합편집을 마무리합니다. 하지만 그게 끝이 아니에요. 토요일 오후까지 남아서 조연출이 완제편집을 마무리하는 것을 확인한 후에라야 비로소 일요일 하루 휴식을 취하죠. 바로 다음 날부터는 또다시 그 다음 방송분 촬영을 준비하느라 뛰어다니고…. 이러한 사이클이 눈코 뜰 새 없이 획~ 획~ 지나가버립니다.”

정신없이 바쁘고 스트레스가 많은 PD생활을 건강하게 잘 이겨내려면 기본적인 체력이 밑받침되어야 한다. 특히 경력이 쌓이기까지 초짜 시절 몇 년간은 정상적인 생활을 포기해야 할 정도로 바쁘다. 야근은 기본이고 프로그램 일정에 따라 연달아 밤샘도 해야 한다. 가만히 앉아서 진행만 하는 게 아니라 직접 발로 뛰어야 하는 일이 부지기수기 때문에 거의 '막노동(?)' 수준이다.

또한 불규칙한 식사와 짧은 수면시간 때문에 건강이 나빠지는 경우도 종종 있다. 어렵사리 공채를 통과해 PD생활을 시작했다가도 체력적인 한계, 혹은 일과 가정생활을 병행하는 데 따른 어려움, 긴장의 연속인 불규칙한 생활 등을 견디지 못하고 다른 부서로 옮기는 사람들도 간혹 생긴다.

그렇기 때문에 선배 PD들은 하나같이 스트레스에 대처하는 자신만의 취미나 노하우를 가지고 있어야 한다고 충고한다. 무방비 상태로 스트레스에 노출되는 것은 위험하기 때문이다.

그러나 선혜윤은 PD라는 직업이 체력적으로 많이 힘든 일이긴 하지만 여자라서 불리한 점은 없다고 생각한다. 여자들은 깡다구로 버틸 수 있다는 것이다. 어떨 때는 여자들의 깡다구가 남자들의 체력을 충분히 능가한다고 믿는다.

"겉보기에는 마르고 말 한마디 제대로 못하게 생긴 친구들이 얼마나 밤은 잘 새고 억척같은지 몰라요. 그게 바로 깡다구죠^^. 다만, 야근이 많고 생활이 불규칙한 점은 지혜롭게 풀어가야 할 부분입니다."

PD를 굉장히 화려한 직업이라고 상상하고 들어온 사람들은 환상이 깨진 후 많이 힘들어 한다. PD는 절대 화려하기만 한 일이 아니다. 현장에서는 막노동에 가까운 고된 일의 연속이고, 신입사원 시절에는 세면도구를 들고 다니면서 방송국에서 숙식을 해결해야 할 정도로 고달프다. 사생활도 없이 달라붙어야만 하는 일이다.

이처럼 초짜 시절에는 정상적인 삶을 어느 정도 포기하고 경력을 쌓아야 한다. 그렇기 때문에 "왜 이 일을 하고 싶은가?" 하는 목적이 분명치 않으면 버티기가 힘들다.

이렇게 바쁘다 보니 PD라는 직업은 연애와는 담쌓고 살아야 한다고 농담처럼 말하곤 한다. 사실, PD 세계가 연애하기 좋은 여건은 못 된다. 너무 바빠서 개인 시간을 내기도 힘들뿐더러, 설령 애인이 있더라도 일에 쫓겨 데이트 한번 마음 편히 하기가 어렵기 때문이다.

그래서 같은 직장 내에 있거나 업무상 만나는 사람들 중에 커플이 되는 경우가 많다. 어렵게 구한 애인과 한번 헤어지면 새 애인 만들기는 거의 불가능에 가까울 정도란다. 다행히 선혜윤은 같은 프로그램을 진행하다가 만난 신동엽과 인연이 되어 결혼에 골인할 수 있었다. MC 신동엽이 아니라 남편 신동엽에 대해서 물었다.

"방송에서뿐만 아니라 집에서도 많이 웃기고, 아이에게 자상한 아빠예요. 원래 아이를 좋아하는 성격인 것 같아요. 또 연예인이다 보니 PD들의 불규칙한 생활 패턴을 잘 이해해줘요. 선배 언니들 중에는 야근하는 것을 이해하지 못하는 남편 때문에 힘들어 하는 경우도 많은데, 제 경우는 다행이죠. 늘 남편에게 고마워해요."

선혜윤 부부는 둘 다 예능 프로를 맡고 있기 때문에 일상의 어떤 소재도 유머와 위트로 연결해서 대화하는 게 습관화되어 있다. 서로 아이디어도 얻고 감각도 유지하는 데 도움이 된단다.

거창한 사명감보다는 위로와 웃음을 전달하고파

PD로서의 사명감, 철학을 물었다. 선PD는 거창한 사명감보다는 시청자들에게 위로와 웃음을 전하는 프로그램을 만들고 싶단다.

"어린 시절 제가 텔레비전을 좋아했던 것처럼, 제 눈에는 보이지 않아도 시청자들 역시 텔레비전 앞에서 때로는 즐겁고 때로는 위안 받지 않겠어요? 분명 제 프로그램을 아껴주는 분들이 계실 거예요. 그분들이 방송을 보고 있는 시간만이라도 맘껏 웃고 재미와 즐거움을 만끽할 수 있었으면 합니다."

'어떻게 하면 재미있을까, 어떻게 하면 시청자들을 웃길 수 있을까?'

그것만 연구하다 보니 선PD 스스로도 즐거워진다. '어떻게 하면 돈을 많이 벌까, 어떤 점을 비판할까?' 그런 것만 연구하는 일이 아니어서 정말 다행이란다.

크고 작은 시행착오 속에서 그녀가 PD의 길로 접어든 지 10년이 흘렀고, 그 사이 결혼도 하고 아이도 낳았다. 그래서 그런지 〈우리 결혼했어요〉를 진행하는 일이 더 재미있다. 싸우고 화해하고 아껴주고 그리워하면서 함께 하는 커플들의 모습은 바로 선PD 자신의 모습이기도 하고, 동시대를 살아가는 우리들의 모습이기도 하다.

"저는 끝까지 예능 프로에 전념하고 싶어요. 특히 아이들과 함께 하는 프로를 맡아보고 싶어요. 아이들은 제게 매우 매력적인 아이템입니다. 과거에 연예인 아빠와 아이들이 1박 2일 동안 여행을 다니는 프로를 기

획해서 방송한 적이 있었는데, 시청률이 안 나와서 특집으로 끝나 아쉬
웠어요. 언젠가 기회가 되면 아이들과 함께 하는 프로를 다시 만들어보
고 싶어요."

'PD 선혜윤'으로서보다는 국민적 사랑을 받고 있는 신동엽 씨의 아내
로 더 알려져서 오히려 부담스럽다는 그녀는 자기 이름이 아니라 프로
그램으로 말하는 PD가 되고 싶다고 말한다.

자신의 이름도 얼굴도 가려지고 오직 프로그램만 남아 기억되기를 바
라는 것은 모든 PD들의 한결같은 바람이기도 하리라.

focus

방송의 모든 것을 책임지는 역동적이지만 고된 직업, PD

톡톡 튀는 감각과 카리스마 있어야

PD(Producer, 프로듀서)는 프로그램을 기획하고 방송이 완성되기까지 모든 과정을 이끌어가는 사람이다. PD는 프로그램의 아이템과 방향을 정하고, 구체적인 내용을 설계하고, 촬영을 지휘하고 편집하는 등 방송이 만들어지기까지의 일련의 과정을 진두지휘한다. 출연자를 섭외하고 방송에 내보낼 자막을 작성하는 것도 종종 PD의 몫이 되기도 한다.

프로그램 디렉터인 PD는 한창 프로그램을 진행할 때는 방송국 안에서 먹고 자고 할 만큼 바쁘다. 또 스태프와 함께 일하긴 하지만, 프로그램의 성패에 대한 책임은 전적으로 PD에게 돌아가기 때문에 스트레스도 많이 받는다. 무엇보다 스태프 모두를 이끌어갈 수 있는 카리스마가 필요하다고 하겠다.

　이처럼 역동적인 일인 만큼 과거에는 여성 PD가 남성 PD에 비해 상대적으로 적은 편이었다. 그러나 최근에는 그런 격차도 점차 사라지고, 많은 여성들이 이 분야에 도전하여 두각을 나타내고 있다.

프로듀서가 되려면, 공채는 물론 조연출 과정 거쳐야

　영화 PD는 정형화된 코스나 공채 등이 없고, 대학에서의 전공과 상관없이 현장의 제작에 참여하면서 경력을 쌓고 단계를 밟아 올라가면서 성장한다. 반면 방송 PD는 공채로 입사해 일정한 과정을 밟아가게 된다.

　PD가 되기 위해서는 특별한 전공이 요구되지는 않지만, 기본적으로 4년제 대학을 졸업해야 하고 방송국에서 실시하는 공채 시험에 합격해야 한다. 공채는 보통 서류, 필기, 여러 차례의 면접, 적성검사 등으로 진행되며 합격 후 연수 과정을 거치고 입사한다.

　하지만 공채에 최종 합격했다고 해서 바로 PD가 되는 것은 아니다. 보통 6개월 정도의 수습생활을 거쳐야 하는데, 이때부터 조연출(AD)생활이 시작되는 것이다. 조연출 기간은 프로그램 분야에 따라 조금씩 다르다. 평균적으로 교양 프로그램은 3~4년, 예능 프로그램은 5~7년, 드라마의 경우는 7년 이상 걸린다. 그러한 과정을 다 거친 후 드디어 PD로서 정식으로 입봉을 할 수 있는 것이다.

아이디어 등 기획 능력은 필수

PD는 소속 방송사에서 맡기는 프로그램을 진행하는 경우도 있지만, 자신이 직접 기획한 프로그램을 맡게 되는 기회도 종종 있다. 또 자신이 직접 진행하는 경우가 아니라도 프로그램을 기획하고 아이디어를 내는 것은 PD의 몫이다.

기획안과 대본 등은 대외적인 공개를 하지 못하게 할 만큼 방송사에게나 PD 개인에게나 귀중한 자료다. 유출할 경우 책임을 물을 정도다.

대기업보다 높은 연봉

공중파 방송국의 PD 연봉은 비교적 높은 편이다. 특히 초봉의 경우 대기업보다 높은데, 상승폭은 그다지 크지 않아서 10여년 후엔 대기업 연봉이 더 높아진다.

정년 때까지는 맘껏 일할 수 있고, 정년 후에도 본인의 능력에 따라 얼마든지 왕성하게 활동할 수 있다. 많은 이들이 직접 프로덕션을 차리기도 하고, 프리랜서로 일하기도 한다.

예능 PD 선혜윤의
솔직담백 방송국 입사기

짧은 시험 준비를 참신한 아이디어로 만회했죠!

대학 시절 선혜윤의 꿈은 PD가 아니었다. 그래서 남들보다 PD 시험을 준비하는 기간이 많이 짧았다. 그래도 평소에 해둔 영어 공부가 밑받침되어 필기와 면접, 논술로 이루어진 1, 2차 시험을 무난히 통과할 수 있었다.

선혜윤 PD는 2001년 MBC 방송국에 입사했다. 당시 입사 시험은 1차 필기, 2차 면접 및 논술, 3차 실무능력평가, 4차 최종면접 순서로 진행되었다. 가장 기억에 남는 것은 최종면접 직전에 치른 실무능력평가에서 실시된 '놀이터 기획 테스트'라고.

전혀 새로운 접근으로 시험관의 눈길 끌어

3차 테스트를 앞둔 그녀에게 "놀이터를 설계해보라"는 과제가 주어졌다.

이것은 단순히 지식의 많고 적음을 테스트하는 게 아니라, 'PD 업무를 잘 수행할 수 있는 기본 역량'을 테스트하는 과정이다. 즉 놀이터를 얼마나 잘 그리는지 지원자의 '그림 실력'을 보자는 게 아니라, 어떻게 상상하고 기획하고 생각을 구체화시켜 가는지 등을 종합적으로 평가하는 것이다.

"실무능력을 평가하는 3차 시험 과제가 '놀이터를 설계해보라'는 거였는데, 그때 제가 제출한 답안이 무척 신선했대요. 대개 놀이터라고 하면 동네에서 흔히 볼 수 있는 지상의 놀이터를 떠올리잖아요. 대부분의 다른 응시자들도 지상의 놀이터를 구상해서 답안을 작성했죠. 하지만 저는 '지하의 놀이터'라는 새로운 접근을 시도했었어요."

신문 읽기가 큰 도움, 창의적인 역량 보여야

또 다른 선혜윤의 합격 비결이라면 평소에 신문을 꾸준히 읽는 것이다. 신문읽기는 아무리 강조해도 지나치지 않을 정도다. 시사정보를 넓히고 사회를 보는 눈을 기를 수가 있는데, PD 공채에서는 그러한 준비와 훈련이 꼭 필요하다. 특히 최근에 입사한 PD 후배들을 보면 스터디그룹을 만들어서 공부한 경우가 많은데, 그런 방식이 합격에 큰 도움을 준 것 같다고 귀띔한다.

그녀들이
말 하 는
나 의 꿈
나 의 일

05

앵커석에서 빛나는
MBC 《뉴스투데이》 아나운서

손정은

> 카메라 불이 완전히 꺼지기 전까지는
> 나의 방송은 끝나지 않는다. 나의 호흡도,
> 나의 눈빛도 가장 마지막 순간까지
> 팽팽한 긴장으로 살아 있고 싶다.

손정은

1980년생. MBC 아나운서. 2004년 부산 MBC를 거쳐 2006년 MBC에 입사했다. 《뉴스데스크》, 《뉴스와 경제》, 《스포츠 뉴스》, 《PD수첩》, 연예 프로 《지피지기》, 시사교양 프로 《W》를 진행한 바 있고, 현재 《뉴스투데이》 앵커와 MBC 표준 FM 《보고 싶은 밤 손정은입니다》 DJ로 활약하고 있다.

"내 꿈에 다른 선택은 없었다,
오직 하나의 꿈만 있었을 뿐이다!"

두 개의 신문과 모닝커피로 시작하는 그녀의 아침

밝은 갈색톤으로 염색한 짧은 머리, 부츠에 청바지, 캐주얼한 스웨터와 점퍼 차림의 내추럴 룩 스타일로 나타난 그녀. 며칠째 야근을 하느라 화장도 제대로 못하고 나왔다면서 웃는데, 화사한 '쌩얼'이 더 빛이 난다. 방송국 근처의 한 카페테리아로 이동하는 동안에도 그녀는 미소를 잃지 않는다. 아는 사람이 지나갈 때마다 큰 소리로 달려가 "안녕하세요~" 하며 인사를 던지는 그녀는 한눈에 보기에도 경쾌하고 발랄하다.

손정은, 그녀는 아나운서다. 여고시절 누구나 한 번쯤 꿈꿔보는 아나운서. 흔히들 신의 딸만이 공중파 방송국의 아나운서가 될 수 있다고 우스갯소리삼아 말하곤 한다. 미모와 지성, 실력, 그리고 연줄까지 훌륭하게 겸비해야 한다면서 말이다. 그러나 손정은 아나운서는 단호하게 아니라고 말한다.

"우리 집은 크게 부자도 아니고, 대단한 명예도 없고, 그렇다고 방송국에 줄이 닿아 있는 것도 아니고…. 아주 평범한 가정이었지만 아나운서 시험에 합격하는 데 아무런 지장이 없었거든요. 본인의 실력과 재능만 있다면 얼마든지 가능하다고 생각합니다."

방송에서 보이는 아나운서는 별천지 사람 같다. 화려한 화면 뒤로 어떤 모습이 감춰져 있을지 궁금하다. 절제된 표정, 완벽한 언어 구사, 머리부터 발끝까지 코디된 헤어와 옷차림만 볼 것이 아니라 그 뒤에 있었을 치열한 자기관리와 준비과정이야말로 그녀를 말해주는 진짜 모습이 아니겠는가.

그녀의 아침은 두 개의 신문과 모닝커피로 시작된다. 물론 전혀 성향이 다른 두 개의 신문이다.

"아나운서가 어느 한쪽으로 치우쳐선 안 되겠죠? 편향적이지 않은 태도와 객관적인 시각을 기르기 위해 전 두 개의 신문을 봅니다."

그리고 찬찬히 하루 일과를 생각해보며 출근한다.

주말 《뉴스데스크》, 새벽 라디오 프로, 다큐멘터리 더빙과 라디오 뉴스 진행에 이르기까지 생방송과 그 준비들로 바쁘게 돌아가는 그녀의 일상은 일 외의 다른 무엇이 비집고 들어갈 틈이 없어 보인다.

그녀는 힘들 때나 피곤할 때도 늘 즐겁고 기쁜 마음을 유지하려고 애쓴다. "착 가라앉은 목소리로 시청자들에게 희망과 활력을 전할 순 없잖아요." 내면의 모습은 아무리 숨기려 해도 방송에서 드러난다고 믿기에 마음을 가다듬는 것 또한 아나운서의 몫이라 말한다.

뉴스데스크, 오후 2시부터 밤 9시까지 숨 막히는 7시간

오후 2시. 어김없이 회의 시작을 알리는 벨이 울린다. 《뉴스데스크》
는 방송사의 간판 프로이기 때문에 모두가 한 치의 흐트러짐도 없이 준
비를 하는 것이 일상의 풍경이다. 손 아나운서는 하던 일을 멈추고 재
빨리 회의실로 향한다. 회의 테이블에는 이미 그날의 큐시트(cue sheet)
가 놓여 있다. 회의 시간은 단 30분. 말하는 사람도, 듣는 사람도 모두가
신속한 진행에 집중한다. 짧고 간결한 말이라도 놓치지 않고 간파한다.

"자, 정치1부부터 시작하시죠."

《뉴스데스크》 팀장이 시작을 알리면, 신호에 따라 각 부서에서 그날
의 뉴스를 요약해 설명한다. 정치1부장은 하루 동안의 사건사고를 요약
해서 브리핑한다.

"다음, 사회2부!"

사회2부에 이어 사회1부, 정치2부, 국제부, 네트워크부, 경제부 등 각
부서들이 브리핑을 하는 동안 손 아나운서는 핵심을 파악하며 간단한 메
모를 한다. 브리핑이 끝난 뒤엔 서로 질문을 주고받으며 그날의 뉴스 진
행에 대해 의논을 한다.

"2번과 3번 기사는 순서가 바뀌어야 할 것 같아."

"이 부분이 약하지 않나요? 좀 더 자세한 설명이 필요해요."

남녀 아나운서가 담당할 기사 번호들이 정해지고, 그에 맞춰 손 아나운서도 궁금한 사항들을 체크한다.

"추가 사항이 들어오는 대로 알려드리겠습니다."

회의가 끝나면 2시 30분. 그녀는 부랴부랴 자신의 자리로 돌아와서 맡은 기사들에 대해 각종 자료를 검색하고 정리하기 시작한다.

"사회2부장님, 추가 사항은 아직 안 들어왔나요? 제가 현장에 나가 있는 기자와 통화해보겠습니다."

"현장 검증은 이제 끝난 겁니까? 새로 밝혀진 사실은요?"

그녀는 해당 팀장과 현장 기자들과 직접 통화하면서 회의 때 빠졌던 내용들을 보다 세밀하게 취재한다. 완전히 자신의 것으로 소화하기 전에는 뉴스를 방송할 수 없기 때문이다.

어느새 시간은 오후 4시. 분장실로 내려가야 할 시간이다. 분장실에는 이미 코디네이터와 헤어스타일리스트가 와서 손 아나운서를 기다리고 있다.

"오늘 의상은⋯ 아주 밝은 색보다는 차분한 톤으로 가야겠어요."

코디네이터가 준비한 두세 벌의 의상 중에서 하나를 선택한 그녀에게 메이크업아티스트가 다가와 화장을 시작한다. 그 다음엔 헤어스타일리스트에게 머리 손질을 맡긴다. 이제 준비된 의상으로 갈아입을 시간이다.

코디네이터와 메이크업아티스트, 헤어스타일리스트가 동시에 그녀를 둘러싼 채 익숙하고 신속한 동작으로 모든 준비를 착착 진행한다.

분장 등의 준비가 끝나면 5시 30분경. 9시 본방송 전에 나갈 예고방송을 녹화할 시간이다. 그녀는 보도국, 자신의 자리로 돌아가 예고방송에 나갈 원고를 쓴다. 본방송에서 다뤄질 뉴스 중에서 가장 이슈가 되는 5건 정도에 대해 직접 짤막한 멘트를 쓰는 것이다.

그런 다음 저녁식사를 간단히 끝내고 돌아와서는 예고방송 원고에 대하여 데스크팀장과 협의하여 조율한 뒤 바로 녹화에 들어간다. 녹화는 보도국 안에 마련된 간이세트에서 진행한다. 일하는 동료들 옆에서 방송 녹화를 하는 일이 처음에는 좀 어색했지만, 지금은 서로 지극히 자연스럽다.

"오늘밤 9시 뉴스데스크에서 뵙겠습니다."

약 10분간의 예고방송 녹화가 끝나면 스태프의 움직임이 빨라진다. 서둘러 녹화한 테이프를 편집해야 하기 때문이다. 7시 50분쯤 예고방송이 나간다. 예고방송이 잘되어야 그날의 9시 본방송이 살 수 있다.

이제 남은 시간은 약 1시간. 그날 자신이 말할 앵커 멘트의 원고를 쓰는 시간이다. 확인된 사항들을 끝까지 기자들에게 묻고 또 확인하는 과정에서 모든 기사가 완전히 그녀의 것이 된다.

방송 10분 전, 《뉴스데스크》테이블에 가서 앉는다. 곧이어 메이크업 아티스트와 헤어스타일리스트가 올라와서 화장은 번진 데가 없는지, 머리는 괜찮은지, 의상은 제대로 살아 있는지 등을 체크해준다. 그리고 손 아나운서가 작성한 앵커 멘트 대본을 보조직원이 출력해 테이블 위에 가

져다놓는다. 방송 직전, 모든 사람들은 무대에서 다 빠져나가고 그녀와 남자 아나운서만이 남는다.

10초 전, 9초 전….

카메라를 마주보며 호흡을 가다듬는다.

1초 전!

"땡!"

정각 9시를 알리는 시각고지방송과 함께 《뉴스데스크》가 시작된다. 그녀는 자신이 준비한 앵커 멘트대로 뉴스를 진행해나가고, 카메라가 비추지 않는 틈틈이 자신의 앵커 멘트를 자신의 말맛에 맞게 다시 다듬고 확인한다. 스튜디오의 그녀 자리 옆엔 항상 표준국어대사전이 놓여 있다. 수시로 사전을 펼쳐 장음, 단음까지 체크하는 등 정확한 발음에 정성을 기울인다. 그녀에게 뉴스는 단순히 '뉴스'가 아니라 '예술'이다.

숨 막히는 뉴스 생방송 1시간이 지나고 클로징 멘트까지 나오면 방송은 끝이 난다.

"수고하셨습니다."

"수고하셨습니다."

남녀 아나운서가 인사를 주고받는 모습을 서서히 멀어지는 카메라가 잡으면서 뉴스의 끝을 알린다. 그러나 모든 카메라의 불빛이 다 꺼지기 전까진 그녀의 뉴스는 '온에어'다.

"카메라가 완전히 꺼지기 전까지 저는 이어폰도 빼지 않고 자세를 흐트러뜨리지 않아요. 이미 시청자들의 눈에 저는 사라졌겠지만, 마지막 순간까지 긴장을 늦추지 않고 기사를 정리하면서 마무리하자는 게 저의 신념이에요."

먼 길을 돌아서 가더라도 포기하지 않았던 나의 꿈

아나운서가 되기까지의 과정이 평탄했던 것만은 아니다. 아나운서가 되기 위해 먼 길을 돌아와야 했기 때문이다. 그러나 신기하게도 그녀는 아나운서가 안 되면 다른 무엇을 하겠다는 대안을 한 번도 생각지 않았다.

"단 한 번도 아나운서 외의 다른 길을 생각해본 적이 없었어요. 언제나 제 꿈은 아나운서였죠. 가끔 주변에서 아나운서가 되는 일이 쉽지 않으니 혹시 안 될 경우를 대비해서 다른 준비도 해두라고 충고했지만, 그런 말은 듣기도 싫었어요. 아나운서는 제1의 꿈이 아니라 유일한 꿈이었으니까요."

그녀는 누구든 꿈이 있다면 이것저것 재거나 다른 생각을 하지 말라고, 오직 한 가지 길에 집중하고 최선을 다해야 그 꿈을 이룰 수 있다고 강조한다. 그녀 자신이 그러한 길을 걸어왔기에 자신 있게 말할 수 있는 것이다.

지난 2004년 손정은은 KBS와 MBC가 실시한 아나운서 공채 시험에서 모두 탈락한 뒤 지역 방송인 부산 MBC에 들어갔다. 그녀가 부산 MBC를 선택했다고 해서 전국 방송의 아나운서가 되는 꿈을 포기한 것은 아니었다. 조금 돌아가더라도 반드시 꿈을 이루리라 생각했다. 부산에 가서 실무를 통해 실력을 더 쌓은 뒤 돌아오리라고 마음먹었으니까 말이다. 결국 그녀는 부산에서 1년 7개월 동안의 경력을 쌓은 후 다시 시도했고, 바람대로 MBC에 입사할 수 있었다.

부산 MBC를 그만두고 서울에 올라와 다시 시험을 본다니까 주변의 만류도 심했다. 일단 시험을 치기 위해선 부산 MBC를 그만둬야 하는데, 자칫하면 부산에도 서울에도 가지 못하고 '낙동강 오리알' 신세가 되어야 할 위험이 있으니 말이다. 모험을 하지 말고 부산 MBC도 좋은 곳이니 그냥 일하라고들 했다. 그러나 그녀의 귀에는 들리지 않았다.

"부산 MBC를 그만둘 때 솔직히 두려웠죠. 실패하면 백수가 될지도 모르는…, 그래도 한번 도전해보자고 결심했죠. 아니, 이번에는 틀림없이

합격하고야 말겠다고 다짐했
어요. 저 자신을 믿었거든요.
기필코 준비된 아나운서가
되겠다고요."

　서울로 올라와 다시 입
사 시험을 준비했다. 체력
과 몸매 관리를 위해 매일
두 시간씩 운동하면서 공부를
계속했다. 아나운서 지망생치고는 이미 적지 않
은 나이였다.

　"내겐 부산방송국에서 일한 경험이 있으니, 같이 공부하면 너희들에게
도움을 줄 수 있을 거야."

　이렇게 설득하여 어린 후배들의 스터디그룹에 들어간 손정은은 그들
과 함께 학습하고 토론 트레이닝을 했다. 각자에게 분담된 과목의 자료
를 찾아서 나머지 사람들에게 가르쳐주고, 매주 쪽지 시험을 치른 뒤 서
로 평가해주었다. 일주일에 두 번씩 논술과 작문 시험을 자체적으로 실
시한 뒤엔 서로가 서로를 평가해주었고, 때론 어떤 주제를 놓고 토론을
벌이기도 하면서 다양한 테스트에 대비했다.

　집에 혼자 있을 때는 토론 프로그램을 놓치지 않고 봤다. 프로그램을
진행하는 아나운서들이 어떤 식으로 상대방의 의견을 이끌어가는지, 또
어떤 근거들을 가지고 설득력 있게 피력하는지 관찰하곤 했었다.

2006년 드디어 합격!

고등학교 방송반에서 처음 아나운서라는 꿈을 품은 순간부터 10년이란 세월이 걸린 셈이다.

화면 뒤의 치열한 전쟁은 계속된다

합격 후 그렇게 원하던 자리에서 아나운서 생활을 시작했지만, 오히려 다음부터가 험난한 과정의 연속이었다. 겉으로 보면 그냥 예쁜 모습으로 대본을 또박또박 읽는 게 전부인 것 같지만, 화면 뒤에서의 치열한 경쟁과 자기계발은 계속되었다.

흔히 아나운서는 말만 조리 있게 잘하면 되는 걸로 알지만 앵커 멘트를 작성하는 등 기본적인 작문 실력이 뒷받침되어야 한다. 연예 프로나 간단한 프로는 작가의 대본이 있지만, 중요한 뉴스 방송으로 갈수록 아나운서 자신만의 시각과 색깔을 담은 앵커 멘트를 직접 써야 하는 경우가 생긴다. 작가가 써준 원고를 정확한 발음으로 읽기만 해서는 진정한 아나운서라 할 수 없다.

손정은 아나운서 역시 자신이 방송할 앵커 멘트를 직접 작성한다. 아나운서 초창기 시절에는 작문 훈련이 힘들었다. 입사 시험 준비 때도 수없이 연습해본 작문이지만, 처음에는 앵커 멘트를 작성하고 예고방송에 맞춰 멘트를 즉각적으로 써내는 일이 너무나 힘들었다. 그날 저녁에 나갈 방송 원고를 그날 오후에 완성하는 것도 모자라 방송 전에 연습까지 완벽하게 마쳐야 하니 시간과의 싸움이었다.

그날그날 진행되는 뉴스의 생리상 앵커는 신속하게 핵심을 파악하고 기사를 정리하여 앵커 멘트를 직접 작성할 수 있는 수준이 되어야 한다. 짧은 시간 안에 핵심을 파악하는 순발력과 신속한 작문력이 따라주지 않으면 안 된다. 베테랑이 된 지금도 앵커 멘트에 대한 애착은 남다르다. 그녀 자신만의 멘트를 창조하고 싶기 때문이다.

"앵무새처럼 남이 만들어준 원고를 읽는 식의 뉴스 진행은 하지 않아요. 앵커 멘트는 직접 만드는 거예요. 물론 기자들이 취재해온 기사를 참고로 하지만, 직접 전달할 아나운서의 시각으로 재구성하는 것은 물론이고 아나운서의 발음에 맞도록 언어를 다듬습니다. 그렇기 때문에 같은 사건 자료를 가지고도 남과 다른 뉴스를 진행할 수 있는 겁니다."

체력관리와 몸매관리도 중요하다. 항상 고된 일정을 소화해야 하고 또 보이는 직업이기 때문에 탄력 있고 세련돼 보이는 몸매를 유지해야 한다. 그래서 그녀는 부산 MBC에 근무할 때부터 꾸준히 운동을 해왔다. 부산 MBC를 그만두고 서울에 올라와 MBC 입사 준비를 할 때도 매일 거르지 않고 두 시간씩 운동을 했다. 입사 준비를 하면서도 운동에 두 시간씩이나 할애했던 건 그 시간 정도는 투자해야 할 만큼 건강이 중요하다고 판단했기 때문이다. 요즘은 어느 정도 체력과 몸매가 다져졌기 때문에 일주일에 두 번 정도만 시간을 내도 유지가 된단다.

정말 궁금했던 사항, 아나운서는 정말 얼굴이 작아야 합격할 수 있는

지 물었더니 "자격조건은 아니지만 주변 선배나 후배 모두를 봐도 얼굴이 작긴 작아요. 역시 카메라 앞에선 작은 얼굴이 잘 받나 봐요^^" 하면서 웃는다. 손정은, 그녀의 얼굴 역시 조그맣다.

체력과 몸매 등 밖으로 드러나는 조건을 갖추는 것은 시작에 불과하다. 내공이 없으면 깊이 있는 방송을 할 수가 없다.

뉴스도 방송이기 때문에 시청률에도 신경을 안 쓸 수가 없다. 방송사의 직원으로서 자기가 맡고 있는 뉴스가 방송사에 보탬이 되어야 하고, 시청자들의 반응 또한 중요하기 때문이다.

그러나 손정은 아나운서는 시청률에 너무 민감하게 반응하지 않으려고 조금은 마음을 접어두고 있다. 제작진이 직접적으로 시청률을 체크하고, 그녀는 제작진과의 의견조율을 통해 피드백을 반영해나가는 정도다. 아나운서가 시청률에 너무 민감하게 반응한다면 자기중심을 잃을 수 있다고 생각하기 때문이다.

손정은은 라디오 DJ로서도 활동하고 있는데, 라디오는 또 다른 자신을 발견하는 시간이다. 또 라디오 방송을 계속하다 보니 고정 팬도 늘어났다. 그들은 단순히 듣는 팬에 머무르지 않고 그녀가 진행하는 프로그램에 대해 적극적으로 모니터링도 해준다. 그러한 의견들이 굉장히 도움이 된다고. 모니터링 의견을 보면서 시청자, 청취자들의 수준이 대단하다는 것을 실감하고, 그녀는 더욱 자극을 받곤 한다.

늦은 밤 방송국을 나서며 스스로에 묻는다.

"오늘 방송은 어땠니?"

어떤 날은 "어딘가 좀 부족해. 좀 더 분발해야겠어"라고 다짐을 새롭게 하기도 한다. 또 어떤 날은 "기사 내용도 충분히 파악했고, 리딩할 때도 혀끝에 착착 감기는 기분이었어. 잘한 것 같아" 하면서 피곤도 잊은 채 흡족해하기도 한다. 하루하루가 자신을 평가대 위에 세우는 치열한 시간의 연속인 셈이다. 날마다 더 깊이 뉴스에 녹아들고 싶다. 내가 뉴스에 녹고, 뉴스가 내 안에 녹아들 때 시청자들의 마음을 움직일 수 있다고 믿기에.

화려함보다 '세상을 꿰뚫는 눈'을 가져라

뉴스는 일방적인 전달이 아니라 '커뮤니케이션'이다. 아나운서 혼자서 또박또박 잘 전달한다고 해서 좋은 뉴스가 된다고 생각하지 않는다. 공간을 초월하여 텔레비전 앞에 앉아 있는 수많은 시청자들의 마음을 파고들어야 한다. 그러한 내공은 시간과 노력, 실력, 그리고 그 모든 과정들을 통해 쌓인 아나운서의 카리스마에서 나온다고 믿는다. 이것이 그녀의 생각이다.

"뉴스를 진행할 때 똑같이 말하고 전달하는 것처럼 보일지 몰라도 앵커의 눈 속에 모든 것을 담고 있는 사람이 있어요. 방송인에게 눈은 생명이며 메시지이며 희망이라고 생각합니다. 이 모든 것을 담고 있는 눈을 시청자들에게 보이려면 짧은 지식이 아니라 나만의 깊이 있는 시각과 지식, 카리스마, 그리고 인생에 대한 통찰이 필요하겠죠. 죽을 때까지 공부하고 생각하면서 나만의 카리스마가 살아 있는 방송을 만들어 가고 싶어요."

그녀의 일상은 하루 25시간도 모자랄 정도로 바쁘게 돌아간다. 워낙 바쁜 생활이다 보니 방송일은 가정과 병행하기 힘들지 않을까 하고 생각하는 사람들도 많다. 사회의 어느 분야나 전문가로서 성공하기 위해서는 치열하게 자기 시간을 할애해야 하기 때문에 가정과 병행하기 쉽지 않은 게 사실이다. 그러나 그녀는 미래에 대해 우려하는 후배들에게 이렇게 말해주곤 한다.

"사회가 많이 변한 만큼 여성들이 직업을 가질 수 있는 기회도 많아졌고, 또 아내가 일하는 것을 적극적으로 밀어주는 남편들도 많아졌어요. 전 여성들이 사회의 차별로 인한 패배의식을 가질 필요가 없다고 생각해요. 차별과 편견을 스스로 깨려고 노력할 때 이 사회도 변하지 않을까요? 꿈을 가지고 매진하세요. 그리고 그 꿈을 포기하지 마세요! 한 가지만 바라보고 최선을 다할 때 비로소 꿈은 현실이 됩니다. 그리고 자신은 또 다른 누군가의 꿈이 됩니다."

나 자신이 또 다른 누군가의 꿈이 될 때까지! 그녀의 그 말이 특히 가슴에 와 닿는다. 내가 누군가의 꿈이 된다는 것은 얼마나 많은 자기 훈련 후에 찾아오는 멋진 결과인가.

그녀는 연예 프로도 해보았고 시사, 뉴스까지 다양한 경력을 가지고 있다. 아나운서인 동시에 한 방송사에 소속된 직원으로서 회사의 방향에 맞춰서 일을 해나가는 것은 당연하다. 단, 개인적으로 그녀는 '시사, 정치 분야의 최고 전문 아나운서'가 되는 것이 목표다. 전문성을 갖춘 아나운서로서 10년, 20년 후에도 계속 활동하는, 나이 들어 더 빛이 나는 모습을 보여주겠다는 각오다.

그녀는 겉모습이 예쁜 아나운서보다는 진실한 아나운서가 되기를 갈망한다. TV 속의 모습과 현실의 삶이 일치하는 진실한 아나운서, 세상의 일을 함께 고민하고 아파할 줄 아는 아나운서가 성공할 수 있다고 그녀는 믿는다.

그녀를 통해 들여다본 아나운서의 세계는 밖에서 생각하는 것만큼 화려하지만은 않았다. 그냥 혼자 잘났다고 잘할 수 있는 일도 아니었다. 실력, 외모, 작문실력, 언변 등의 재능 외에 다음과 같은 트레이닝이 필요하다.

첫째, 조직원으로서의 팀플레이 능력, 대인관계 적응력이 필요하다.

아나운서는 연예인이나 프리랜서가 아니라 방송국이라는 기업에 소속된 직원이다. 따라서 기본적인 소속감과 조직에 대한 충성심이 있어야 하고, 조직이 나아가는 방향으로 함께 발맞춰나가야 한다. 또한 팀원들과 함께 하는 일인 만큼 팀플레이를 무시하는 개인주의적인 성향을 가져서는 안 된다.

일반적인 기업에서처럼 상하관계나 동료관계를 원만하고 우호적으로 관리하는 대인관계 기술을 놓쳐서는 안 된다. 아무리 시청자들에게 인기가 높고 주가가 올라간 아나운서라고 해도 조직을 무시하는 행동을 해서는 그 생명이 길 수 없다.

둘째, 세상에 대한 통찰력을 키워야 한다.

아나운서는 시청자들에게 세상을 바라보게 하는 창이다. 신뢰를 줄 수 있는 용모와 정확한 발성과 조리 있는 말솜씨 등을 기본적으로 가지고 있어야 하는 것은 사실이지만, 그보다는 세상을 관찰하고 해석할 수 있는 통찰력이 필요하다.

아나운서가 되고 싶은 사람이라면 그 화려한 겉모습만을 동경하기보다는 아나운서가 되기까지 거쳐야 하는 엄청난 공부와 트레이닝 과정도 염두에 두어야 한다. 또한 아나운서가 되고 난 다음에도 남보다 뛰어난 통찰력과 실력을 유지하지 않으면 인정받기 힘들다.

그러한 통찰력은 입사 전부터 계속해오는 깊이 있는 학습과 입사 후에도 지속적으로 공부하고 경험을 쌓는 과정에서 길러지는 것이다.

또한 우리 사회를 대표하는 지식인으로서 사회에 대한 애정과 책임감을 가져야 하겠다. 자신의 명예만을 위해 방송에 임하는 사람은 진정한 아나운서로서 세상의 창이 될 수 없다.

손정은 아나운서는 강조한다.

"'나'라는 존재가 더 나은 사회를 위해 할 수 있는 일은 무엇인가?"를 고민하면서 열정적으로 일하라고. 자신의 안위만을 위해서가 아니라 주변을 따스함으로 물들일 수 있는 인생이 가장 가치 있는 거라고.

오늘도 손정은 아나운서는 따뜻한 세상을 꿈꾸며 앞으로 나아간다.

손정은 아나운서가 콕 찍어주는 아나운서 합격 전략!

수천 대 일의 경쟁률을 뚫어라

젊은 여성들이 가장 선호하는 직업인 아나운서(announcer). 아나운서는 뉴스를 비롯하여 스포츠, 라디오를 포함한 모든 종류의 방송을 진행한다. 아나운서와 비슷한 직업인 엠시(MC)는 연예 프로나 퀴즈, 인터뷰 등의 방송 프로그램을 진행하는 사람으로서 'Master of Ceremonies'의 머리글자를 따서 'MC'라고 부른다. 연예·오락 프로그램은 연예인들이 진행하기도 하지만 아나운서는 모든 방송 프로그램을 진행할 수 있다.

아나운서가 되기 위해서는 방송국의 공채 시험을 통과해야 한다. 언론고시라 불릴 정도로 어려운 관문으로 정평이 나 있다. 최근에는 공채 시험을 보기 전에 방송국 등에서 운영하는 방송아카데미 등의 교육기관을 통해 실무 능력을 쌓으며 공채 시험을 준비하는 게 보통이다.

방송국의 공채는 1, 2차 정도의 일반적인 공채가 아니라 수 개월에 걸쳐, 보통 6차까지 진행되는 릴레이 평가라서 도중에 자신감을 잃거나 지쳐버려서 실패하는 사람이 많다. 스스로에 대한 믿음이 바탕이 되어 끝까지 자신감을 잃지 않고 컨디션을 좋게 유지할 수 있어야 한다.

시험은 보통 영어, 국어, 상식 등의 필기 시험, 카메라테스트, 면접 등으로 이뤄진다. 보통 방송아카데미 등의 교육기관을 통해 많은 도움을 받을 수 있다. 최근에는 비슷한 사람들이 그룹을 만들어서 스터디를 하는 경우가 보편화되어 있다. 뜻과 실력이 조화를 이룰 수 있는 멤버를 만날 수 있다면 그룹스터디와 토론 트레이닝이 면접 시험을 준비하는 데 큰 도움이 된다고 말하는 경험자들이 많다.

손정은 아나운서의 경우 "MC라고 가정하고 즉석에서 오프닝 멘트를 작성해 심사위원들 앞에서 말해봐라", "10년 후의 가상 뉴스를 만들어봐라" 등의 면접 과제들을 기억한다. 때로는 응시자의 실력과 조리 있는 언변을 보기도 하고, 때로는 신속한 작문 능력이나 팀플레이 능력 등을 테스트하는 것이다.

구체적인 공채 내용은 방송국마다, 또 해마다 조금씩 다르므로 직접 확인해보는 것이 좋다.

첫째, 유사한 일을 하는 사람의 이야기를 들어봐라.

막연한 동경이나 현실과 동떨어진 입사 준비는 위험하다. 꼭 아나운서가 아니더라도 방송국에서 아나운서를 자주 접하는 사람을 통해 방송국 생활과 일의 성격에 대한 이야기를 들어보고, 자신과 잘 맞는 일인지 또 어떻게 준비해야 하는지 정확하게 판단해봐야 한다.

둘째, 언론 스터디그룹에 참여하라.

내 경우엔 부산 MBC를 그만두고 3개월 동안 스터디그룹에서 공부한 것이 결정적인 도움이 되었다. 특히 내가 참여한 그룹은 아나운서뿐만 아니라 기자, PD 등 다양한 부문에 지원하는 사람들이 섞여 있어서 더 유익했다. 어느 한쪽에 치우치지 않은 다양한 의견을 접해볼수 있었고, 저마다 생각이 다른 사람들과 토론할 수 있는 기술을 습득할 수 있었다. 면접에서는 그러한 능력이 큰 힘을 발휘한다.

셋째, 얄팍한 공부로는 면접을 통과할 수 없다. 깊이 있는 지식을 길러라.

아나운서는 말하는 직업이기 때문에 면접에서 시간을 충분히 준다. 문제는 충분한 시간을 주어도 자신을 충분히 어필하지 못한다는 데 있다. 얄팍한 지식으로는 자신을 차별화할 수 없다. 폭넓고 깊이 있는 지식을 길러야 한다. 예를 들어 촛불집회에 대한 의견을 말해보라는 질문에 대해 단순히 찬반의 의견만 이야기할 것이 아니라, 우리나라의 진보와 보수의 역사를 다 짚어가면서 말할 수 있어야 한다. 누가 봐도 실력 차이가 나지 않을까?

넷째, 남들과 다른 나만의 강점을 어필할 수 있는 기회를 포착하라.

아나운서 시험장에는 모두 한가락씩 하는 사람들이 몰려들기 때문에 그냥 잘하는 정도로는 눈에 띄지 못한다. 카메라테스트, 면접 등을 계속 진행하다 보면 나만의 개성과 실력을 어필할 수 있는 기회와 시간이 다가오는데, 그때 재빨리 포착할 수 있어야 한다. "쟤 괜찮네, 잘하네." 이런 평으로는 합격점을 넘지 못한다. "쟤는 꼭 잡아야겠네~" 하는 마음이 들도록 해야 하는데, 내가 무언가를 발표하거나 대답을 할 때 심사위원들이 순간적으로 눈을 확 뜨고 나를 다시 한 번 쳐다보도록 만들어야 합격이다.

tip

손정은 아나운서의
MBC 입사지원
자기소개서

"이 자기소개서를 쓸 때
나는 정말 간절한 마음이었다.
요즘도 이 글을 다시 읽으면서
늘 초심을 잊지 않으려고
노력한다."

1. 자기소개를 하시오.

더 큰 아나운서가 되기 위해 부산에서 1년 7개월 동안 열정을 바친 아나운서

2004년에 서울 MBC 4차에서 떨어지고 부산 MBC 시험을 봐서 합격했다. 당시 부산이 됐기에 뛸 듯이 기뻤다. 하지만 그 후 1년 7개월 동안 이곳에서 경험을 쌓아 서울에서 진짜 실력을 보여줘야 해, 라는 생각을 단 하루도 하지 않은 적이 없다.

난 어렸을 때부터 그런 소녀였다. 한번 결론내리면 흔들리지 않는 아이. 남들은 진로문제를 이것저것 펼쳐놓고 고민했지만, 난 언제나 한 치의 망설임도 없었다.

내가 고등학교 때 유일하게 만점 받은 종목, 바로 오래 매달리기와 오래 달

리기였다. 친구들은 나를 '끈기 짱', '독한 X'라고 부르기도 했다. ^^

　나에게 많은 것을 가르쳐준 고마운 곳, 부산 MBC에 대한 추억은 소중하고 또 부족한 나를 애정을 갖고 가르쳐주신 선배들에게 항상 감사한 마음이다. 그 정든 곳을 떠나 이렇게 원서를 쓰고 있는 모습도 목표를 위해 포기하지 않고 정진하는 '나'라는 사람을 보여주는 일일 것이다.

2. MBC가 나를 뽑아야 하는 이유를 쓰시오.

MBC는 올해 꼭 나를 뽑아야 한다

　2004년 아나운서 시험 때, 나는 이 말을 할 수 없었다. 아나운서가 될 준비를 충분히 하지 못했기에, 양심에 가책을 느낄 만한 말이었던 것이다. 하지만 이번엔 감히 당당히, 진심으로 말할 수 있다. 난 충분한 준비를 했고, 올해는 내가 MBC에서 활약을 시작할 수 있는 가장 좋은 해라고.

　부산 MBC에서 1년 2개월 동안 '뉴스투데이'를 진행했는데, 유일하게 오프닝 멘트부터 클로징 멘트까지 할 수 있는 뉴스였다. 난 부산의 아침을 여는 앵커로서 최고의 모습을 보여주기 위해 1년 동안 매일 두 시간씩 큰 소리로 리딩 연습을 했다. 외모 가꾸기, 체력관리하기, 공부하기 등 어느 것 하나 소홀히 하지 않았다. 부산 투데이 시청률이 4%에서 12%까지 뛰어올랐을 때, 날 보며 하루를 기분 좋게 시작한다는 시청자들이 늘어나기 시작했을 때, 난 앵커로서 자부심을 느꼈다.

난 준비된 아나운서라 생각한다. 지금이라도 방송을 시작해 멋지게 해낼 준비가 되어 있다. 신뢰감 있는 외모와 음성, 사람의 마음을 움직이는 능력은 부산에서도 그랬듯 전국의 시청자들의 마음을 흔들어놓을 수 있을 것이다.

3. 다른 사람을 위해 했던 일을 구체적으로 기술하시오.

언제나 남들에게 카운슬러 역할을 담당했던 나

나의 청소년기를 돌아보면 유독 고민을 상담해오는 친구들이 많았다. 이성문제, 가정문제, 친구문제 등등…. 난 그 아이들의 이야기를 들어주고 또 용기를 북돋워주며 보람을 느꼈다. 부모의 이혼으로 힘들어하는 동생에게 큰 힘을 주어 삶의 의욕을 찾게 했고, 집이 가난해 고민하는 후배에게는 내가 열심히 사는 모습을 보여줌으로써 목표를 설정할 수 있도록 했다.

지난해에 이성문제로 고통스러워하는 친구가 있었다. 헤어진 후 그 남자는 스토커로 돌변해서 친구를 집 앞에서 납치까지 했다. 그 뒤 정신적인 충격에 시달리던 친구를 난 끊임없이 설득시켰다. 위로해주는 차원이 아니라 인생에서 얼마든지 있을 수 있는 일이고, 극복하고 잊는 것은 너의 몫이라는 것을 강조했다. 친구는 임용시험을 이틀 앞두고 무너질 뻔했지만, 나의 확신이 담긴 조언을 듣고 무사히 시험을 치러 합격했다. 그 친구는 내가 인생의 은인이라며 고마워한다.

나의 카운슬링은 부산 MBC에 입사해서도 여전했다. 동기, 후배뿐만 아니라 난 선배들의 이야기까지 귀담아듣고 조언해주는 역할을 했다. 선배들은 회사문제, 집안문제까지 내게 이야기했고, 대화를 통해 인간관계에 있어서의 스트레스를 많이 해소할 수 있었다고 말해줬다.

이렇듯 앞으로도 어느 자리에서나 화해자, 중자재의 역할을 하는 사람이 되고 싶다. 그들이 부담되지 않도록 뒤에서 도움을 주는 사람 말이다.

4. 다른 사람과 함께 일하면서 보람 있었거나 힘들었던 경험을 기술해보시오.

부산 MBC에서 아나운서로 생활하기

카메라 앞에서 뉴스를 하는 첫날, 난 잘하진 못했지만 카메라의 빨간 불(탈리)을 즐기는 나를 발견할 수 있었다. 실제로 카메라의 빨간 불은 나에게 즐거운 흥분감을 가져다준다. 난 운 좋게도 다른 선후배, 동기 아나운서들보다 많은 경험을 할 수 있었다. 부산국제영화제에서는 리포터로서 많은 영화인들을 인터뷰했고, 부산 APEC 때는 국제적인 CEO들이 참석한 자리와 미디어 관계자들이 모인 호텔만찬회에서 진행을 했다.

또 부산 MBC 창사 47주년 특집으로 마련되었던 '파워콘서트'에서는 3천여 명이 모인 광안리 앞바다에서 사회를 봤다. 또 방송을 가장 많이 했을 때는 새벽 6시부터 저녁 7시까지 거의 종일 마이크를 달고 살았었는데, 아침 뉴스·라디오·저녁 편성 프로그램 MC까지 매일 생방송으로 해내야 했다. 주말 근무까지 걸릴 땐 그야말로 한 주 내내 하루 종일 방송을 해야 했다. 5·31지방선거 때는 개표방송을 하느라 새벽 한 시까지 방송한 적도 있었다. 하지만 난 힘들었다기보다 오히려 일이 정말 즐겁고 보람됐었다.

내가 방송인이라는 사실이 정말 자랑스러웠다. 이런 일들은 혼자 한 것이 아니라 방송에 관련된 모든 스태프와 함께 해낸 것이었다. 거듭되는 회의와 대본 수정, 최종 방송을 하기까지 많은 사람들과 일하면서 의견을 조율하는 법을 배웠고, 각기 다른 의견을 수용하는 법을 배웠다. 내 방법을 고집하는 것이 아니라 담당 PD의 의도를 파악하고, 그것을 어떻게 나타내느냐 하는 것이 가장 중요하다는 사실을 깨달았다.

명품브랜드 Hermes의 머천다이저(MD)

윤소영

나는 보이는 것에 집착한다.
컬러, 디자인, 감각 그 모든 보이는 것들에
나의 메시지와 열정을 담아 세상에 내놓는다.
장인의 혼을 담은 상품이 MD의 열정을 거쳤을 때
비로소 상품은 '명품'이 되고, 사람들은 감동한다.
나는 사람들과 상품을 이어주는 다리다.

윤소영

1974년생. 프랑스에 본사를 둔 Hermes(에르메스)코리아의 MD팀 차장으로서, Hermes의 14개 상품군에 대한 기획
및 구매, 판매 전략 등에 대하여 총괄하고 있다. 처음에는 의상디자인에 뜻을 두었으나 감각과 트렌드를 캐치하는 자
신의 재능에 더 적합한 MD의 길을 선택했다. Polo Ralph Lauren(폴로 랄프 로렌), Guess(게스), Hugo Boss(휴고보스),
Emporio Armani(엠프리오 아르마니), Balenciaga(발렌시아가), Chloe(끌로에) 등 굵직한 명품 브랜드를 두루 거쳤다.

"혼을 담은 명품 뒤에는 MD의 열정이 있다"

명품 Hermes의 감각을 기획하는 'MD'

패션계를 주름잡는 MD(머천다이저, 상품기획자)를 섭외하여 취재하기 위해 작가는 여러 브랜드에 전화를 걸어 무대포 정신으로 문의를 해보았다. 그러다가 신문에 인터뷰 기사가 실린 한 유명 브랜드 MD의 번호를 캐내어 전화를 걸었다. 그녀는 출산 휴가에 들어갔다며 그 밑의 MD가 알려주었다.

"무슨 일 때문에 그러시는데요?"

내가 여러 커리어우먼들의 이야기를 책으로 쓰고 있는데, 실력 있고 왕성하게 활동하고 있는 여성 MD를 찾고 있다고 했다.

"그럼, 정말 이 바닥에서 주름잡는 MD를 한 분 소개해드릴까요? 제가 예전에 근무하던 회사에서 모시던 MD이신데, 국내외 유명 브랜드를 두루 거쳤고, 현재는 Hermes(에르메스)에 계시는 분입니다."

Hermes라, 말로만 듣던 Hermes였다. 한 번도 Hermes의 상품은 써 볼 엄두조차 내지 못했지만, 명성만은 익히 알고 있는 그 Hermes의 총괄 MD라면! 구미가 마구 당겼다. 어렵게 알아낸 휴대폰에 전화를 걸어 인터뷰를 요청했다. 그리고 며칠 후, 프랑스에서 돌아온 지 얼마 안 되는 윤소영, 그녀를 화려하기 이를 데 없는 Hermes의 한 지점에서 만날 수 있었다.

진한 보라색 블라우스에 블랙 스커트, 블랙 매니큐어, 쇼트커트…. 보이는 스타일만으로도 그녀가 일반 사무직 여성이 아닌 것쯤은 누구나 짐작할 수 있을 듯싶다. 그녀는 지금 명품 브랜드 'Hermes'의 상품기획을 총괄하고 있는 베테랑 MD다. 시계나 액세서리 하나에 수천 만 원을 호가하는 상품도 많은, 최고 명품 중의 명품 브랜드인 Hermes에서 나오는 상품들을 기획하고 판매를 관리하고 있는 것이다.

대부분의 사람들이 그러하듯이 그녀의 원래 꿈도 MD는 아니었다. 그녀 역시 다른 길을 돌아 자신의 진짜 길인 MD의 길을 찾은 경우다.

대학에서는 영어교육을 전공한 그녀는 원래 의상디자이너가 되려고 했다. 영어를 공부하면서도 항상 패션과 의상디자인에 대한 관심을 버리지 못했다. 의상디자인 역시 그녀와 어느 정도 감각이 맞는 일이었기에 그녀는 의상디자인에 대한 흥미를 버릴 수가 없었다. 영어를 공부하던 대학 시절을 끝내고 직장생활을 시작한 뒤에도 의상디자인에 대한 미련을 버릴 수가 없었다. 결국 회사를 그만두고 뉴욕에 가서 2년간 디자인 공부를 감행하게 되었다. 자신이 원하는 일을 찾아 용기를 낸 것이다. 그러나 결국 그녀의 길은 영문학도, 의상디자인도 아닌 MD에 있었다. 의상디자인을 공부하던 중 MD의 세계에 눈을 뜨게 되었으니 말이다.

"지나고 보니 모든 게 MD가 되기 위한 준비과정이었던 셈이에요. 대학에서 영어를 공부한 것도, 뉴욕으로 건너가 디자인을 공부한 것도 모두 말입니다. 외국어 능력이나 의상디자인 감각, 이 모든 게 MD라는 일을 하기 위해 필요한 자질이거든요. 현실적으로 해외 출장, 외국 바이어와의 의사소통이 많은 MD에게는 외국어 능력이 필수일 뿐 아니라 미적 감각 또한 빠질 수 없는 자질 가운데 하나잖아요."

어린 시절, 부모님을 따라 외국에서 수년간 생활한 것도 큰 도움이 되었다. 외국어 능력은 물론 국제적인 감각을 체험해본 것이기 때문이다. 또 대학에 다닐 때는 이화여대 앞 골목을 그냥 지나치지 못했다. 그곳에서 다양한 옷과 액세서리, 구두 등을 사서 몸에 걸쳐보고 신어보고, 이렇게 저렇게 매치시켜 보는 게 취미였단다.

"늘 색깔, 디자인, 디스플레이 등 보이는 것에 집착하는 성향이 강했어요. 물건들을 보면 저도 모르게, '그것들을 어떻게 서로 매치시킬까', '어떻게 디스플레이하면 예쁠까', '어떤 조합이 가장 어울릴까' 하는 생각이 듭니다."

유모차를 타고 다닐 때부터 강렬한 색상의 옷만 보면 잡고 놓지 않았을 정도였다던 그녀의 '끼'는 지금 명품 Hermes를 찾는 고객들을 향해 발산되고 있다.

뉴욕의 한가운데서 감성을 깨우다

윤소영, 그녀에게 MD의 근성을 가르쳐준 것은 폴로 랄프 로렌(Polo Ralph Lauren), 게스(Guess) 등의 브랜드를 취급하던 유통회사에서 일할 때 만난 여자 상사였다. 그 상사는 뉴욕에 있는 폴로 랄프 로렌 본사에 출장을 갈 때 햇병아리였던 그녀를 데리고 갔다. 그리고 시장조사와 가격조사에서부터 많은 것을 가르쳐주었다. 한 백화점에 가격조사를 갔을 때 상사는 거의 뛰어다니다시피 매장을 돌았다.

"자, 따라와. 지금 그걸 읽고 있을 시간이 어딨니? 바로 떼서 넣어둬!"

"가격조사는 이렇게 하는 거야. 재빨리 눈으로 보되 기억 속에 담아둬야 해."

한정된 출장 기간 동안에 뉴욕의 모든 매장을 다 돌아봐야 했기 때문에 1분 1초가 아쉬울 만큼 빠듯한 일정이었다. 약간은 편법이긴 했지만, 상사는 가격표를 떼어내 갖고 가라고 했다. 가격을 다 외울 수는 없기 때문에 그렇게라도 가격조사에 만전을 기하겠다는 의도였다.

앞장선 상사를 따라 정신없이 상품들을 눈에 새기면서 상점을 돌아보고 다른 거리로 이동하던 때였다. 신호등이 바뀌자마자 급하게 건널목을 건너던 상사 앞으로 택시 한 대가 달려들었다. 너무도 순간적으로 벌어진 일이었다. 택시와 부딪힌 상사는 피를 흘리며 쓰러졌다. 다행히 생명에 지장은 없었지만 코뼈가 으스러지는 등의 부상을 입은 상사는 구급차로 병원으로 옮겨졌고, 한동안 치료를 받아야 했다.

발품을 팔아 뉴욕을 누비면서 하나의 상품도 놓치지 않고 시장조사를 하려던 열정 때문에 오히려 불의의 사고를 당하긴 했지만, 몸을 아끼지 않았던 모습만은 윤소영, 그녀의 가슴에 오래도록 남았다. MD는 책상 앞에 앉아서 머리만 굴리는 일이 아니라 온몸으로 시장과 고객을 돌아보아야 하는 일임을 배웠던 것이다.

세계 패션의 중심도시 뉴욕에서 그녀는 커다란 문화적 충격을 받았다. 비록 MD로서 출장을 따라간 것이었지만, 패션에 대한 욕구가 강하게 솟아올라 억누를 수가 없었다. 잠자던 감성이 모두 깨어나기라도 한 것일까?

결국 그녀는 출장에서 돌아온 지 얼마 되지 않아 뉴욕 유학길에 오른다. 부모님으로부터 어렵게 허락을 받아내 유학을 간 이유는 디자인 공부를 하기 위해서였다. 그렇게 떠난 뉴욕에서 그녀는 자신의 길이 디자인이 아님을 깨달았고, 오히려 MD로서 다시 강하게 마음먹고 돌아오는 계기가 되었다고 한다.

"점원으로 일하게 해 주세요. 열심히 하겠습니다!"

'무대포 정신'은 뉴욕에서도 통하는지, 디자이너에 대한 미련을 버리고 다시 MD의 길을 마음에 새

긴 그녀는 뉴욕 한복판의 한 유명 브랜드 매장에 가서 이렇게 졸랐다. 그리고 결국 그 매장에서 귀국하기 전까지 판매사원으로서 일해볼 수 있었다.

"지금 생각해봐도 판매사원으로 일할 때가 가장 행복한 뉴욕 시절이었어요. 고객을 직접 만나는 자리이니까요. MD를 하다 보면 고객과 MD들의 시각 사이에 괴리가 있을 때가 종종 있거든요. 고객을 직접 만나고 느껴보는 건 그래서 좋은 공부가 됩니다."

비록 디자이너로서의 길은 버렸지만, 2년여 동안 뉴욕에서 한 디자인 공부는 그 후 MD로서 일하는 데 많은 도움이 되었다.

역발상으로 상품 매출을 신장시키다

MD는 늘 새로운 방식을 시도해나간다. 어제와 같은 방식으로는 새로운 시장을 주도해나갈 수가 없기 때문이다. 같은 상품이라도 어제와 같은 방식으로는 더 많이 팔 수 없다. 날로 급변하는 시장 상황과 소비자들의 취향보다 앞서 나가려면 새롭고 독창적인 시도들, 역발상이 필요한 것이다.

"도대체 저 가방은 왜 판매가 부진한 걸까?"

"색이 너무 튀어서 그런가?"

"여하간 사람들이 잘 찾지 않으니 저리 치워둡시다."

미운 오리새끼로 취급 받던 형형색색의 가방들이 쇼윈도의 한쪽 구석으로 완전히 밀려날 판이었다. 그도 그럴 것이, 원인 파악도 정확히 안 된 채 판매가 잘 이뤄지지 않았기 때문이다. 이때 그녀가 나섰다.

"차라리 색깔별로 다 디스플레이 합시다. 인상적일 거예요."

"아니, 치워도 시원찮을 판에 색깔별로 모두 디스플레이 하자는 건가요? 어느 쪽에요?"

"저기, 저쪽 외벽의 제일 큰 윈도가 좋겠네요."

그녀는 판매가 부진한 상품을 눈에 안 띄게 치워버리기는커녕 고객들이 가장 잘 볼 수 있는 위치에 왕창 전시하자는 제안을 한 것이다. 판매 파트에서는 반신반의하며 불안해했지만 그녀가 밀어붙였다.

미운 오리새끼를 마치 백조인 양, 그것도 여러 색깔의 귀한 백조인 양 쇼윈도 전면에 나란히 디스플레이를 하자 묘하게도 고객들은 다시 상품에 관심을 갖기 시작했다. 그녀의 전략이 먹혀들어간 것이다. 다른 지역의 매장에서도 하나둘씩 그녀의 방식을 벤치마킹하며 따라 했다. 그녀의 역발상이 죽은 상품을 다시 살려낸 것이다.

MD는 예술가를 능가하는 감각을 가져야 하지만, 결국 매출을 통해 자신의 존재를 증명해야 한다. 그렇기 때문에 기획한 아이템의 매출이 급신장하는 것만큼 큰 보람도 없다. 윤소영 역시 그러하다.

"Hermes에 오기 전에 S인터내셔널이라는 대형 유통회사에서 MD생활을 한 적이 있어요. 그 회사의 여성브랜드 하나가 완전히 휘청거리던 즈음, 제가 그 여성브랜드의 MD를 맡게 되었죠. 브랜드를 살려내기 위해 정말 혼신을 다했어요. 열정을 쏟은 결과, 거의 죽어가다시피 하던 여성 브랜드가 살아나고 판매실적도 100% 향상되는 것을 경험했어요. 매출 신장은 물론 나 자신의 커리어도 한층 성숙하는 계기가 되었죠. MD로서 최고의 성취감을 느낀 순간이었어요."

그러나 새로운 시도에는 언제나 리스크가 따르기 때문에 용기가 필요하다. 잘못 판단했다가는 오히려 판매가 부진하는 실패를 자초할 수도 있다.

"혼자만의 판단보다는 여럿의 판단을 함께 고려해야 리스크를 줄일 수 있습니다. 가끔 내 고집대로만 밀고 나갔다가 결과적으로 상대방의 의견이 맞았을 때도 있죠. 아랫사람의 도전적인 의견도 수용할 수 있어야 성공적인 매출 신장이 가능합니다."

MD는 감각뿐만이 아니라 의견조율 능력이 탁월해야 정말 앞서가는 상품을 기획할 수 있다.

일 년에 네 번 프랑스로 화려한 외출

그녀의 일은 예산을 잡는 것에서부터 시작한다. 기존의 판매추이와 시장 및 가격조사 데이터를 근거로 해서 다음 해의 매출을 겨냥해 상품을 구매하는 데 필요한 예산을 짜는 것이다. 기존의 판매추이를 참고하되 다음 해의 판매 흐름과 트렌드를 전망하여 매출 목표를 정하게 된다. 그리고 그러한 목표를 달성하려면 어느 정도의 상품을 구매해야 하는지 정하게 되는데, 재고 물량을 감안해서 발주하게 된다. 이 모든 과정을 진행하는 데에는 MD의 경영인으로서의 감각이 발휘되어야 한다.

"Hermes는 14개의 상품군을 갖고 있어요. 그것들을 각각 컬러, 사이즈 등의 여러 가지 기준으로 끝도 없이 세분화해서 항목별로 다음 시즌의 예산과 바잉(buying) 설계를 하는 겁니다. 일단은 전년도 구매와 매출 기록을 기본 자료로 검토합니다. 전년도에 준해서 올해의 판매가 어느 정도 증가할 것이라 보고, 상품의 구매는 계속 해오는 일이기 때문에 전년의 사례를 기본적으로 참고하는 한편 예산을 고려해 올해의 구매 규모를 설계하는 거죠. 이때 예산의 규모와 고객의 요구, 패션의 트렌드 등을 고려해야겠죠."

구매 전략이 수립되면 상품 구매 단계에 들어간다. 상품 구매를 위해 그녀는 일 년에 네 번 Hermes 본사가 있는 프랑스에 다녀온다. Hermes는 일 년에 네 번(봄/여름/가을/겨울 시즌) 상품 구매를 실시하는데, 그녀가 직접 프랑스에서의 상품 구매를 진두지휘해야 하기 때문이다.

남들이 보기에는 화려한 외출이지만, 그녀는 MD로서 가장 중요한 업무 중의 하나인 상품 구매를 위한 해외 출장이라 마음이 바쁘다. 바잉을 위해 출장을 떠나기 전에 이미 구매 전략을 세워뒀지만, 현지에서의 순발력 있는 판단도 무엇보다 중요하다. 직접 눈으로 보고 현장에서 판단하는 부분이 사전에 수립한 구매 전략 못지않게 비중이 크다.

한 상품이라도 놓치지 않고 모두 면밀히 분석하고, 또 수없이 많은 상품들 사이에서 앞으로의 유행까지 점치면서 순간적인 분석을 계속해야 하는 그녀의 눈과 머리는 초 단위로 쉴 새 없이 돌아간다. 그 순간엔 그녀의 판단이 결정적이다. 그러나 결코 주관적이어선 안 된다.

MD가 좋아하는 컬러나 디자인 등에 치우치게 되면 고객의 취향을 놓쳐버릴 수 있고, 그 결과는 매출 부진으로 이어지기 때문이다. MD는 남다른 감각과 취향을 가지고 동물적 육감으로 상품을 찾아내고 통찰하고 결정해야 한다. 동시에 자신의 취향을 배제하고, 결정과 판단의 순간에는 누구보다 전략적이고 객관적으로 냉정할 수 있어야 하는 것이다.

프랑스에서는 보통 2주 정도 머무르곤 한다. 상품을 모두 훑어보고 구매를 진행하기에는 빠듯하기만 한 일정이다. 구매 방향을 잘 잡았느냐, 못 잡았느냐에 따라 매출이 움직인다. 긴장의 끈을 늦출 수가 없다. 낮에는 발품을 직접 팔며 상품을 돌아보고, 밤이 되면 일행들과 긴밀한 회의를 계속해야 한다.

"향수 상품은 전년도와 비슷하게 가면 될 거 같아요. 젊은 층을 겨냥한 상품들에 대한 구매를 늘릴 겁니다."

그녀는 구매에 필요한 상세 전략과 방향성에 대해 함께 간 일행들에게 설명한다. 다음 날부터 있을 구매에 앞서 서로 필요한 부분들을 조율해두기 위함이다.

구매는 매일같이 이뤄지는데 밤마다 그녀는 점장들과 모여 그날의 구매가 제대로 이뤄졌는지, 보완할 부분은 없는지, 다음 날의 구매에 있어 추가하거나 개선해야 할 점은 무엇인지 체크를 한다. 각 판매점을 맡고 있는 점장들과 14개 전 상품군을 총괄하는 윤소영 차장과의 커뮤니케이션이 잘 이뤄져야 상품 구매가 원활하게 돌아갈 수 있다.

이처럼 MD는 상품을 기획하고 유통을 관리하는 일을 총괄할 뿐 상품 자체를 직접적으로 개발하는 일에는 관여하지 않는다. 상품을 직접 개발하는 일은 디자이너들의 몫이다. 다만, MD는 소비자의 취향과 맞지 않는 상품이 있을 경우 그 부분에 대한 보완을 회사에 요구함으로써 간접적으로 상품 제조 및 개발에 관여하기도 한다.

신중하라, 그러나 결정적인 순간을 놓치지 마라

"더 과감한 예산 투자가 필요합니다. 향후 매출을 전망해볼 때, 분명히 상품의 매출은 앞으로 늘어날 겁니다. 다른 경쟁업체보다 한발 앞서 이 상품의 구매를 늘려서 공격적인 판매 전략을 펼치는 게 좋겠습니다."

때로는 그녀가 보다 많은 예산을 따내어 공격적인 상품 기획을 펼칠 때도 있다. 비록 과거의 매출이 부진했다고 하더라도 앞으로의 전망을 새로이 분석해본 결과 구매를 늘려야 할 때가 있는 것이다.

"이번 컬렉션에서 봄 상품의 컬러가 너무 칙칙합니다. 유럽과 달리 한국의 소비자는 칙칙한 컬러는 좋아하지 않아요. 특히 봄 상품은 채도를 좀 더 높이는 게 좋을 것 같습니다."

때로는 본사에 한국 시장의 취향이나 트렌드를 알리고, 그에 맞는 상품 제조를 지속적으로 요청하는 일도 그녀가 챙겨야 할 몫이다. 공격적인 판매 전략으로 치고 나가든, 시장의 트렌드를 파악해서 발 빠르게 따라가든 간에 중요한 것은 트렌드를 정확히 읽는 눈이다. 매출에는 일정한 패턴이 흐른다.

그녀는 시즌마다 어떤 상품을 어떻게 기획할 것인지를 판단할 때 과거의 판매 패턴을 먼저 분석한다. 새로운 트렌드라고 해도 어느 날 갑자기 뚝 떨어지는 게 아니라 과거의 일정한 패턴을 전제로 하기 때문이다. 물론 브랜드 전체의 방향과 최근 트렌드의 방향도 고려해야 한다.

그 나머지는? 마지막 순간에는 결국 그녀 자신의 감각을 믿는다. 막연한 감이 아니라 오랜 세월 동안 배우고 경험하고 노하우를 쌓으면서 다져진 자신의 직감과 감각을 근거로 판단하는 것이다.

이처럼 MD는 여러 변수를 고려하되, 자신의 통찰을 근거로 앞으로의 상황을 예측하고 그에 맞는 구매 전략을 세울 수 있어야 한다. 현재 상황을 분석하고 미래의 전망을 판단하여 상품 구매를 결정하는 일은 상당한 신중함을 요구한다. 그렇다고 마냥 생각만 하고 있어서도 안 된다.

때로는 모든 면에서 판매가 안정적이라고 생각하고 구매했는데 매출이 떨어질 때도 있다. 반면 아무런 기대도 하지 않았는데 의외로 효자 상품이 나오기도 한다. 어떤 상품이 지난 시즌에 잘 팔렸다고 해서 이번 시즌에도 잘되리라는 보장은 없다. 그래서 MD는 늘 변화하는 시장을 예측하며 새로운 전략을 세워야 한다. 막상 그 전략이 적중했을 때의 성취감이란 느껴보지 않은 사람은 모를 것이다.

"MD는 예산과 가격, 트렌드, 시장 상황 등 모든 면에서 '예스'라는 답이 나왔을 때 신중하게 구매를 결정합니다. 그러나 한편으로는 모두 '아니'라고 여겨져도 소신을 갖고 새로운 도전을 감행하기도 합니다. 틀 안에서만 생각하고 안전한 것만 찾으면 새로운 감각, 새로운 시장의 우선권을 쥘 수가 없으니까요. 안정성과 리스크, 그 두 개의 조화가 중요합니다. 신중하되, 결단력이 있어야 한다는 뜻입니다."

그렇다고 해서 Hermes의 모든 상품 구매를 그녀 혼자 독단적으로 결정한다는 뜻은 아니다. 기업에 따라 MD가 직접 상품 구매를 결정하는 경우도 있지만 Hermes는 그렇지 않다.

일단 각 점장들과 MD가 함께 프랑스 현지로 날아가서 본사의 컬렉션을 충분히 살펴본다. 그런 다음 서로 협의해서 구매를 결정하는 방식이다. 그녀가 MD차장으로서 큰 방향을 설정해주면, 그 안에서 점장들이 세부 상품의 구매를 결정하게 된다. 각 지역의 점장들이 세부적인 구매 결정에 참여하기 때문에 국내 Hermes 매장마다 조금씩 다른 특색을 띄고, 진열돼 있는 상품도 조금씩 차이가 나는 것이다.

"MD가 조심해야 하는 것 중 하나가 탁상공론에 빠지지 않는 겁니다. 자칫 MD는 미적 감각이나 경영 판단에 의해 탁상공론에 빠질 수 있으니까요. MD는 전체적인 것을 기획하는 반면에 판매 현장에서 직접 고객을 대하지 않기 때문에 자칫 고객에 대한 감이 떨어질 수 있어요. 그러니 모든 걸 혼자 판단하고 혼자 결정해선 안 되겠죠? 기존의 데이터와 다른 사람들의 의견을 종합적으로 검토해야 주관적인 오류에 빠지지 않을 수 있습니다."

그래서 MD에게 있어 고객 다음으로
중요한 것이 판매파트 사람들이
다. 아무리 좋은 기획이라고 해도
판매직원들의 협조가 없으면 소
기의 성과를 얻을 수 없다. MD
는 상품의 특성과 기획의 의도
를 판매직원들이 잘 이해할 수 있도록 해야 한다. 그
들과의 신뢰관계가 일의 흐름에 영향을 끼친다.

"판매파트 직원들에겐 현실적인 현장 감각이 있어요. 자연 MD들과는
다른 시각으로 상품을 바라보게 되죠. 그들과의 의견조율, 커뮤니케이션
이 정말 중요합니다."

초짜 시절, 그녀 역시 판매직원들과의 관계를 잘 조율하지 못해 남몰
래 울었던 적도 많았단다. 그러나 이제는 그들의 애환도 이해하고 먼저
다가가는 법도 알게 되었다. 신뢰만 쌓으면 누구보다도 적극적으로 MD
에게 협조해주는 이들이 바로 판매파트이기도 하단다.

나의 취향이 아니라 고객의 감각을 잡아라

MD에게는 좋은 제품을 알아볼 수 있는 안목이 필요하다. 상품은 항상

고객과 같이 움직이게 되어 있다. 트렌드의 흐름보다 반 보쯤 앞서가며 상품을 기획해야 하는데, 상당한 안목이 요구된다 하겠다. 유행의 흐름을 읽고, 소비자들이 무엇을 원하는지 시기적절하게 판단할 수 있어야 성공적인 상품 기획을 할 수 있다.

패션 분야의 한 MD는 "젊은 감각을 유지하기 위해 홍대 앞 클럽이나 와인 바를 자주 가고, 시간이 되면 주말에 브런치 카페에 앉아서 잠재고객들을 관찰하는 일도 거르지 않는다"라고 말한다. MD에게 나이는 그저 숫자일 뿐이다. 고객이 젊다면 자신의 나이가 몇 살이든 간에 젊은 감각을 따라가야 하는 것이다.

윤소영, 그녀는 속속들이 MD의 DNA를 가진 사람이다. 그녀에겐 옷밖에 보이지 않는다고 한다. 어디를 가도 옷과 컬러만 눈에 들어온다. 해외 출장을 갔을 때 아주 약간의 시간 여유만 생겨도 면세점이나 백화점 등에서 개인적으로 쇼핑을 한다. 꼭 물건을 사려는 것은 아니다. 아이쇼핑도 즐긴다. 그러다가 필 받으면 즉흥구매도 종종 한다. 고객의 입장에서 물건을 많이 사보는 것도 MD로서의 감각을 키우는 훈련일 수 있다.

좋아서 선택한 MD의 길. 그녀는 MD가 상품과 고객을 이어주는 다리와 같다고 말한다. 보이는 것이 다는 아니지만, MD는 내면의 것까지 끄집어내서 '보이는 것'에 메시지를 담아야 하는 일이다. 상품을 고객에게 제대로 보여주어야 하기 때문에.

"새로운 도전의 길을 열어주는 게 바로 MD입니다. 안정성과 매출, 모든 것을 고려해야 하지만 결국 새로운 아름다움을 창조해서 고객들이 미처 몰랐던 세계를 보게 해주고 즐기게 해주는 거죠."

스스로 좋아하는 일을 찾기까지 많은 길을 돌아서 선택한 MD의 길이기에 그녀에게는 매순간이 보람이다. 옷을 고르고 물건을 매치하는 것이 어릴 때부터 취미였다는 그녀, 그래서 고객이 좋아할 만한 상품을 선별하고 판매의 방향을 잡는 MD의 일 자체가 즐겁기만 하다. 자신의 DNA에 꼭 맞는 직업을 선택했으니 매순간이 궁합이 딱딱 맞는 환희다.

그녀는 Hermes 제품에 대한 자부심이 대단하다.

"우리 제품에는 장인의 혼이 담겨 있다고 자부합니다. 특히 가죽제품은 하나하나 장인의 손으로 직접 만듭니다. 상품이 아니라 혼이 담긴 예술품을 만든다고 해도 지나친 말이 아닙니다. 그래서 고정 마니아층이 꾸준히 우리 상품을 찾아준다고 믿습니다."

이쯤 되면 혼이 담긴 상품에 혼이 담긴 MD 수준이랄까? 자기 일을 사랑하는 사람을 만나는 일은 언제라도 기분 좋다.

그녀는 처음에는 그냥 좋아서 했는데 언제부턴가는 소명의식이 생겼단다. 아랫사람에게도 나의 길을 가르치고, 또 그들로부터도 끊임없이 배우면서 서로 발전하는 것이다.

윤소영은 앞으로도 Hermes에 소속된 MD로서 더 많은 상품 기획과 매출 신장에 집중할 것이다. 또한 세월이 흘러 현장에서 뛰기가 부담스러운 나이가 되면 MD로서의 상품 기획력을 토대로 사회에 봉사할 수 있는 아이템을 개발하여, 자신의 새로운 커리어 라이프를 설계하겠다는 꿈을 가지고 있다.

focus

상품을 기획하고 파는 전문가,
스타일과 함께 매출도 만든다

거대한 소비 사회에서 급부상하는 직종, MD

최근 유통 분야에서 최고로 치는 직종으로 'MD(Merchandiser, 머천다이저)' 가 뜨고 있다. 백화점이나 대형마트는 물론 직접 판매, 홈쇼핑, 인터넷 쇼핑몰 등 유통시장이 점점 거대해짐에 따라 유통의 핵심인 MD에 대한 관심 또한 커지고 있는 것이다.

MD는 상품이라는 의미인 'merchandise' 에 'er' 을 덧붙여 상품화 계획, 구입, 가공, 상품진열, 판매 등에 대해 결정하고 관리구입, 가공하는 사람을 말한다. 업무의 범위가 상당히 폭넓어서 상품을 기획하고 잘 팔릴 상품을 찾아내 구매하고 상품진열을 하는 모든 일을 아우른다. 흔히 MD라고 하면 직접 신상품을 개발하는 경우보다는 유통 분야에서 팔릴 만한 상품을 발굴, 구매하여 매출을 극대화하는 유통 MD를 말하는 경우가 많다.

구경만 해도 눈이 휘둥그레질 정도의 명품과 고가의 상품들을 쥐락펴락하는 MD의 일은 화려해보이지만 실상은 고되다. 직접 시장조사 및 가격조사를 뛰어야 하는 것은 물론, 잦은 야근과 출장에다가 좋은 상품을 선점하려는 타 업체와의 경쟁도 치열하다. 그래서 MD는 '뭐(M) 든지 '다(D)' 하는 사람이라는 말도 있을 정도다.

MD가 되는 길

MD에 대한 관심과 수요는 급증하고 있는 데 반해 체계적인 교육 시스템은 아직까지 사회적으로 갖춰져 있지 않다. 최근에는 관련 학원도 생겨나고 대학에서도 경영학과나 일부 유통 관련 학과에서 MD교육이 이뤄지고는 있지만, 실제 현장에서 필요한 내용을 모두 아우르지는 못하고 있는 실정이다. MD 분야엔 아직 자격증제도 없다.

그렇기 때문에 실제 현장에서는 실무를 통해 배워서 MD가 되는 경우가 더 일반적이다. 기업에서도 필요한 자질을 갖춘 사람을 뽑아 MD로 키우는 경우가 많다. MD라고 하면 자칫 디자인이나 패션 쪽 전공자들이 유리할 것으로 알기 쉬우나 현실은 그렇지 않다. MD는 디자인을 전공한 사람들보다 오히려 언어나 상경계열 전공자들이 더 많다. MD의 일은 상당 부분 경영 능력이 요구되는 일이기 때문이다.

또한 의류 전공자가 패션 MD를 하고, 식품 관련 전공자가 식품 MD를 하는 경우가 많기 때문에 관련 상품에 대한 해박한 지식을 가지고 있으면 좋다.

그러나 유능한 MD가 되기 위해 꼭 직접적인 관련 분야를 전공해야만 하는 건 아니다. 오히려 다양한 실무 경험을 통해 경력을 쌓는 게 더 유리하다. 주요 유통회사에서도 신입사원에게 곧바로 MD의 일을 맡기기보다는 영업이나 매장근무 등 관련 업무 경험을 쌓게 한 후에야 MD로 배치하곤 한다. 인턴사원이나 아르바이트를 통해 현장 경험을 두루 갖추는 것도 한 방법이다.

CEO와 같은 경영 능력 있어야

MD들의 하루는 전날의 매출을 체크하는 일에서부터 시작된다. MD의 실력과 존재 가치는 결국 매출이라는 숫자로 평가받는다. 아무리 화려한 경력을 가지고 있다 하더라도 매출이 부진하다면 자신의 자리를 지키기 힘들다.

다음 해의 상품 매출을 전망하여 상품 구매 예산을 세우는 것부터 수익 구조와 재고 적정량 산출, 매출 신장을 위한 상품 기획까지가 MD가 총괄해야 하는 업무 범위다. 따라서 사업을 경영하는 CEO와 같은 관리 능력이 필요할 수밖에 없다.

뿐만 아니라 상품 기획 전반에 있어 구매와 판매 전략을 관리하기 때문에 마케팅 및 경영 감각이 없으면 매출관리를 할 수가 없다. 기업에서도 어문계열은 물론 상경계열 전공자들을 선호한다.

커뮤니케이션 기술과 외국어 능력은 필수

MD는 수시로 해외를 드나들며 물건을 들여와야 하기 때문에 외국어를 통한 커뮤니케이션이 가능해야 한다. 그래서 외국에 머물렀던 경험이 있는 사람을 선호하는 기업도 있다. 국내에서도 협력업체나 판매파트와 함께 일하는 경우가 많기 때문에 원만한 커뮤니케이션 기술과 협상력도 뒷받침되어야 한다.

Hermes의 윤소영 차장은 "상품에 대한 감각은 입사 후 그 회사의 상품을 통해서도 익힐 수 있지만, 외국어 능력은 단기간에 쉽게 기를 수 없다. 따라서 많은 기업들이 외국어 능력을 소지한 사람을 선호한다. 디자인을 전공한 후 MD가 된 경우에는 결국 언어를 따로 공부해야 한다"라고 말한다.

유명기업을 좇기보다는 자신만의 MD 커리어를 만들어야

불규칙하고 야근, 출장이 잦은 일의 특성상 가정을 가진 여성들은 어려움을 많이 호소한다. 급여 수준에 비해 업무량이 상당하기 때문에 이직률도 높은 편이다. 분야마다 조금씩 차이는 있겠지만, MD로서 일하려 한다면 조건을 기대하고 시작하는 것은 조금 위험하다.

그러나 날이 갈수록 소비가 많아지는 현대 사회에서 MD에 대한 수요는 계속 늘어나고 있고, 그에 따른 공급도 늘어나고 있음은 분명하다. 다만, MD들의 평균 소득은 아직 그다지 높은 편이 아니다. 소속된 기업이 어디냐에 따라 소득도 많이 차이가 난다.

특히 중년 이후에는 MD로서의 입지가 좁아질 수 있다. 어떤 기업에 소속되어 MD 활동을 하는 경우 경쟁에서 밀려날 수 있으므로 자신의 커리어 라이프에 대한 장기적인 플랜이 필요하다. 어느 회사의 MD가 되느냐보다는 MD라는 일 자체를 따라 커리어 라이프를 만들어가면서 훗날의 홀로서기에 대비해야 한다는 뜻이다.

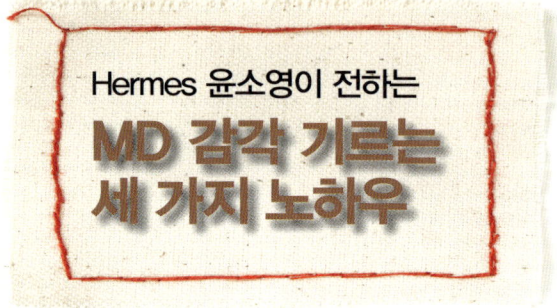

tip

Hermes 윤소영이 전하는 MD 감각 기르는 세 가지 노하우

자신의 경험보다 더 좋은 스승은 없어!

패션 감각이라면 도가 튼 경지에 이른 윤소영. 그녀가 베테랑 MD를 꿈꾸는 후배들에게 권하는 '감각을 기르는 세 가지 노하우'는 다음과 같다.

첫째, 많이 팔아봐라!

실력 있는 MD가 되려면 많이 팔아봐야 한다. 그래야 고객이 원하는 상품, 많이 팔리는 상품을 기획할 수 있다. 공주님처럼 앉아서 고상한 감각 토론만 해봤자 나아질 건 없다. 그렇게 해서는 감각이 길러지지 않는다. 고객에게 직접 팔아본 경험이 진짜 필요한 감각을 길러준다.

MD는 판매파트 직원들과 교감하고 커뮤니케이션해야 하는 일이 많은 직업이다. 그러므로 판매파트의 일을 직접 해본 경험은 무엇보다 값지다. 특히 물건을 현장에서 직접 팔아보면 고객의 취향을 피부로 느껴볼 수 있다.

윤소영에게도 그런 시간이 있었다. 뉴욕에서의 유학 시절, 짧은 기간이나마 한 매장에서 판매 아르바이트를 한 적이 있는데, 그때 경험을 아직 잊지 못한다고 한다. 상품을 기획하는 사람으로서 고객을 직접 만나본 현장이었기 때문이다.

둘째, 많아 사봐라!

많이 팔아보는 것뿐만 아니라 많이 사보는 것도 중요한 훈련이다. 구매 경험의 크기만큼 감각이 자란다. 마치 지름신이 강림이라도 한 사람처럼 자꾸 자꾸 사봐야 한다. 비록 주머니가 가벼워지고, 사고 보면 후회되는 경우도 많지만 잘못 구매한 경우도 공부가 된다. 시행착오 자체가 감각을 가르쳐주는 좋은 선생이니까.

물건을 사면서 가격의 움직임, 고객들의 심리, 판매 패턴 등을 몸소 체험해보면 상품 기획에 많은 도움이 된다.

윤소영은 틈만 나면 쇼핑을 했다. 처음에는 충동구매로 인한 리스크도 있었으나, 지금은 거의 리스크가 없는 충실한 소비를 하고 있단다. 소비도 MD의 트레이닝 과정 중의 하나인 셈이다.

셋째, 끊임없이 스타일을 만들어라!

MD는 트렌드를 읽고 스타일이나 미적 감각에 빨라야 한다. 다양한 감각을 경험해봐야 한다. MD는 실제로 상품을 구매하는 고객보다 감각과 스타일 면에서 더 뛰어나야 한다. 평소에 보이는 부분에 대한 끊임없는 연구가 필요하다. 자신의 옷에서부터 모든 차림새에 대해서도 항상 연구하는 자세를 가져야 한다. 이때 한 가지 스타일에 집착하기보다는 다양한 경험을 갖는 게 좋겠다. 또 남들이 걸치고 있는 것에 대해서도 집요한 관심이 필요하다. 그러다 보면 저절로 감각이 길러진다.

매일매일 파티를 준비하는
클럽프렌즈의 파티플래너

임정선

수많은 상상 속의 시나리오를 꺼내 펼쳐놓으면
어느새 파티가 되어 있다.
나는 사람들에게 파티를 통해 마법을 건다.
처음 만나는 사람들도, 어색해하는 사람들도
파티에 오면 다정한 친구가,
달콤한 연인이 된다.

임정선

1971년생. 이화여대 의류직물학과를 나와 삼성물산에서 의류 디자이너로 일하다가 파티의 매력에 빠져 파티플래
너의 길로 접어들었다. 지인과 함께 국내 최초의 사교클럽인 (주)클럽프렌즈(www.clubfriends.co.kr)를 설립했다. 지
금까지 부산국제영화제 공식파티, 오페라 살롱파티 등 굵직굵직한 VIP 사교파티를 포함해 600여 회의 테마파티
를 진행했다.

"나는 파티가 아니라
소사이어티를 디자인한다!"

대기업 디자이너에서 '파티플래너'로

반짝이는 조명에 연예인 뺨치도록 화려한 스타일, 살빛이 드러나는 드레스, 여유 있게 와인 잔을 들고 마주보고 웃는 사람들. 오늘 처음 만났지만 서로에게 다가가 취향을 묻고, 마음을 엿보며, 친밀한 눈웃음과 대화를 주고받는다.

외국 영화의 한 장면쯤이 아닐까 싶겠지만 임정선 그녀에게는 '일상'이다. 여성들의 로망이기도 한 파티. 그러한 파티에 푹 파묻혀 살고 있는 그녀는 바로 왕성하게 활동하고 있는 '파티플래너'이다.

아직 우리나라에서는 파티플래너라는 직업이 익숙지는 않지만, 파티플래너는 말 그대로 파티를 기획하는 사람이다. 그러나 단순히 파티를 기획하는 것으로 끝나는 게 아니다. 파티를 기획한 사람으로서 파티 준비의 전 과정을 총괄하고, 실제 파티가 열렸을 때 호스트로서의 분위기 메이커, 진행자로서의 역할도 담당할 수 있어야 한다. 말하자면 파티의 하드웨어뿐만 아니라 소프트웨어까지 만들어내는 사람이랄까?

지금은 베테랑 파티플래너가 되어 있는 임정선이지만, 10여 년 전만 해도 전혀 다른 일을 하고 있었다. 그땐 그녀 자신도 파티플래너가 되리라고는 생각지도 못했었다. 그러나 한 친구와의 만남이 계기가 되어 지금의 모습으로 다시 태어날 수 있었다. 원래 디자인을 전공하고 삼성물산 패션 디자이너로 일하던 그녀에게 어느 날 선물처럼 '파티'가 다가왔다. 그녀의 친구가 작업 중인 파티 현장에 들렀을 때의 일이다.

"임정선 씨, 파티 준비하는 일 좀 도와주지 않겠어? 디스플레이도 좀 봐주고, 세트 감각도 봐주고 말이야."

디자이너로 일하면서도 디스플레이까지 신경 쓰면서 상품이 전시될 때의 모습을 즐겨 상상하던 그녀였다. 친구를 찾아갔다가 마주한 파티의 준비 현장은 감각과 에너지가 가득 찬 또 하나의 세계였다.

내가 상상한 대로 설치하면 파티장의 모습이 어떨까? 음악은 어떤 걸로 깔지? 술은? 사람들은 누구를 초대할까? 어떤 옷을 입을까? 사람들의 동선은 어떤 흐름으로 만들어볼까?

모든 것이 흥미로웠다. 날밤을 새면서도 지칠 줄 모르고 즐겁기만 한 자신의 모습을 발견한 그녀는 망설임도 없이 5년간 일하던 회사를 그만두고, 파티플래너를 친구의 일이 아닌 자신의 '잡(job)'으로 만들어버리고 말았다. 친구와 함께 우리나라 최초의 '사교 소사이어티'인 (주)클럽프렌즈를 공동창립한 것이다.

여기서 잠깐 그녀가 창업하여 운영해오고 있는 클럽프렌즈를 소개하자면, 클럽프렌즈는 파티를 통해 휴먼네트워크를 형성해주는 한편 의뢰를 받아 파티를 대행해주는 파티전문 소사이어티이다. 아마도 인터넷을 많이 사용하는 사람이라면 클럽프렌즈의 배너 광고를 종종 본 적이 있을 법하다.

클럽프렌즈는 매주 토요일마다 파티를 연다. 평균 100~150명 규모로 연 60~70여 회의 파티를 진행하고 있는 셈이다. 1997년 창립된 이래 13년 동안 600여 회 이상의 파티를 개최하였으며, 5만5,000명 이상의 회원들이 오프라인 파티에 참여하였다. 또한 기업이나 기관의 의뢰를 받아 그들의 파티플래닝을 대행해주는 일도 하고 있다. 최근 들어 그러한 수요는 점점 더 늘어나는 추세다.

누드크로키 파티서부터 낙태 방지 파티까지, 파격적 기획

열정적으로 시작한 파티 인생이지만 쉽진 않았다. 최근엔 파티에 대한 사람들의 인식도 많이 바뀌었지만, 클럽프렌즈를 처음 시작했던 10여 년 전에는 '파티'라고 하면 으레 놀고먹기만 하는 유흥쯤으로 생각했었다. 파티가 단순히 놀고먹는 유흥이라는 고정관념을 깨고, 파티란 무엇인지 사람들에게 알릴 필요가 있었다.

"누드크로키 파티를 엽시다. 남녀 누드모델을 초대하고, 파티에 초대된 손님들은 직접 누드모델을 보면서 크로키를 그리는 거예요. 꼭 잘 그릴 필요는 없잖아요. 새로운 문화를 체험해보고 즐기면서 공감을 느끼면서 가까워지는 게 중요합니다!"

1999년 임정선은 'Do's & Dont's in Club Friends'라는 테마로 획기적인 누드크로키 파티를 기획했다. "고정관념과 선입견을 버리고 새로운 사고로 전환하자"는 파티에 대한 그녀의 철학을 반영한 것이었다. 그녀가 공동창립한 (주)클럽프렌즈가 추구하는 철학이기도 했다.

드디어 파티 당일.

"정말 모델을 관찰하고 크로키를 그리려는 분만 입장하십시오. 저희 은사님이신 홍대 미대 금기숙 교수님께서 그림을 봐주실 겁니다."

그녀의 안내에 따라 파티어들에게는 크로키 펜과 스케치북이 주어졌다. 가볍게 생각하고 왔던 사람들도 막상 행사에 참여하면서는 진지한 모습이 되어 그림에 열중하기 시작했다.

"처음에는 모델이나 구경할까 하는 호기심이었는데, 막상 참여해보니 사람들과 함께 새로운 체험을 하면서 친해질 수 있어서 인상적입니다."

사람들의 반응은 의외로 뜨거웠다. 언론의 관심 또한 집중되었다.

임정선은 아무도 생각하지 못한, 그리고 시도하지 못한 누드크로키 파티를 플래닝함으로써 파티가 무엇인지, 클럽프렌즈가 어떤 사교를 추구하는지에 대하여 강한 메시지를 전달할 수 있었던 것이다.

누드크로키 파티 외에도 기억에 남는 파티가 많다. 서울대 산부인과 의

사들의 협조를 얻어 'Use Your Condom'이라는 낙태 방지에 대한 캠페인성 파티를 기획한 적도 있다. 또한 2004년 부산국제영화제 기념파티인 'On the Red Carpet'을 플래닝하여 일반인들과 영화인들이 어우러져 1,000명이 넘게 모이는 성황을 이룬 적도 있다. 내로라하는 유명 영화인들과 교류를 하는 멋진 경험이기도 했다.

이러한 성과를 얻기 위해 눈에 보이지 않는 곳에서 동분서주하는 수고는 상당하다. 그래서 파티플래너들을 백조에 비유한다. 겉으로는 우아하고 화려해보이지만, 수면 밑에서는 정신없이 물갈퀴를 움직여야 가라앉지 않을 수 있으니 말이다.

"보통 파티는 2~3개월 전에 이미 기획되어 있습니다. 수개월 전에 기획된 아이템의 파티는 우선 온라인을 통해 일정과 콘셉트에 대해 알립니다. 이렇게 기본 홍보를 한 뒤엔 참여할 사람들을 모으기 시작하죠. 수준 있는 파티어들을 모으는 것은 파티플래너가 갖춰야 할 또 하나의 능력입니다."

파티의 기획과 진행은 항상 동시에 이뤄진다. 수개월 후의 파티를 기획하면서 동시에 수개월 전부터 기획하고 준비해온 파티를 진행하는 것이다. 시작도 없고 끝도 없이 이어지는 릴레이 작업 속에서 때론 지치기도 한다. 파티가 열리기 며칠 전부터는 스태프와 함께 이리 뛰고 저리 뛰고 하면서 밤잠을 설치는 일도 다반사다.

끊임없이 새로운 것을 기획하는 일이다 보니 늘 스트레스를 달고 산다. 아이디어가 고갈되지 않도록 감각을 유지하는 것도 어렵다. 사람들의 이

목을 집중시키고 즐겁게 느낄 수 있는 파티를 기획해야 하기 때문이다. 시대에 뒤떨어진 파티에 누가 오려 하겠는가.

10년 넘게 파티를 기획하고 진행하다 보니 때론 아이디어의 고갈에 부딪칠 때도 있다. 그럴 때면 기본으로 돌아가 예전에 진행했던 파티의 기록들을 살펴보면서 영감을 떠올려보기도 한다. 또는 다른 사람의 파티에 가서 음식이 어떻게 나오는지, 데커레이션은 어떻게 했는지, 전체적인 동선 구성은 잘 짜여졌는지, 리셉션부터 클로징까지 시나리오가 전체적으로 매끄럽게 연결되고 있는지, 스태프의 태도는 상냥하고 밝은지, 파티어들의 반응은 어떤지 등을 눈여겨보면서 좋은 아이디어를 찾기도 한다. 파티 현장에서 의외의 수확을 얻기도 하니까.

이러한 수면 밑에서의 노력이 파티어들을 열광케 하는 파티를 만들어내고 그녀를 베테랑 파티플래너로 만들었다. 베테랑이 되었다고 해서 한가한 것은 아니다. 그녀의 머리는 늘 새로운 아이템을 찾기에 바쁘다. 새로운 파티, 사람들의 마음을 사로잡을 수 있는 새로운 것을 기획하기 위해 치열한 노력을 한다. 평소 클래식부터 팝송, 최신 가요까지 다양한 음악을 들으며 음악적 감각을 키우는 것은 물론이고, 각종 사회 · 문화적

이슈나 흐름 등에 대한 정보, 기사 등을 꼼꼼히 살펴보고 스크랩하면서 파티의 콘셉트를 잡아낸다. 또 많은 사람을 만나고 대화하면서 아이디어를 얻기도 한다.

최근에 그녀는 예술과 파티를 접목시키려는 시도에 몰입해 있는 중이다. 사람들의 사교 욕구와 더불어 문화적 욕구가 늘어감에 따라 파티문화를 한 단계 발전시켜 보려는 것이다.

"사람을 따로 만나고 공연을 따로 보고 할 시간 여유가 없는 현대인들을 위해 두 가지를 동시에 즐길 수 있는 파티를 기획하는 겁니다. 단순히 공연을 보는 차원을 넘어 아티스트와 교류하고 대화할 시간을 마련함으로써 파티어들의 만족도를 더욱 높이고 있어요."

언제나 새로운 파티를 기획해내는 것이 파티플래너의 몫이니까 말이다.

그녀는 토요일마다 파티의 마술에 걸린다

클럽프렌즈에서는 매주 토요일이면 항상 파티가 열린다. 평일에도 오프라인 테마파티가 계속 진행된다. 이 같은 정기적인 파티 외에도 밸런타인데이, 화이트데이, 송년파티 등 시즌별로 진행하는 파티도 따로 있다. 한편으로는 보다 밀도 있는 인맥을 이어주기 위해 회원들 중 특수층 또는 전문직을 가진 층을 따로 묶어 파티를 진행하기도 한다.

이렇게 그녀는 파티에 파묻혀 사는 여자다. 매주 토요일이면 그녀는 어김없이 파티장에 간다. 매주 파티를 즐기면 하루하루가 얼마나 행복할까, 하는 사람들은 있겠지만 그건 모르는 말씀. 파티플래너가 직업인 그녀에게 파티는 치열한 일터이기도 하다.

파티는 저녁에 열리지만 이른 시간에 이미 파티장으로 나간 그녀는 도착하자마자 파티를 위한 세팅이 제대로 이뤄져 있는지 확인한다. 바로 어젯밤까지 스태프와 하나에서부터 열까지 일일이 체크하고 준비한 것이지만 행사를 앞두고는 더 분주해진다. 음향, 조명, 현수막은 원래 계획에 맞게 제대로 준비되어 있는지, 리셉션 데스크와 테이블 등은 합리적인 동선으로 이어져 있는지, 오늘의 작은 이벤트가 될 '타로점 부스'는 사람들의 시선을 끄는 곳에 잘 설치되어 있는지 등…. 챙길 것이 한두 가지가 아니다.

"자, 오늘은 초대된 파티어들 촬영이 중요하니 포토그래퍼는 특히 신경 써주세요. 다른 행사 담당자들도 촬영에 방해되는 요소들을 항상 점검해주시고요. 무엇보다 파티어들께서 촬영을 의식하지 않고 자연스럽게 시간을 즐길 수 있도록 분위기를 만들어야 합니다."

그날 있을 파티에 앞서 스태프의 교육과 역할 확인까지 끝낸 다음, 임정선 그녀는 파티어들을 맞을 준비를 한다. 세팅은 완료, 스탠바이! 한숨 돌릴 겨를도 없이 준비를 마치자마자 시간은 다가오고, 사인에 맞춰 사람들 앞에 나아간다. 며칠째 부족한 잠 때문에 피곤한 상태이지만 피곤한 내색은 절대 금물이다. 언제나 금방 피어오른 꽃망울처럼 싱그럽게 웃어야 한다.

"안녕하세요. (주)클럽프렌즈의 파티에 오신 것을 환영합니다. 오늘 파티는 다이닝파티와 와인파티, 파티어들의 모습을 즉석에서 담은 포토쇼 등이 12시까지 진행될 것입니다. 또한 파티 중 올 신년 운세를 점칠 수 있는 타로 이벤트가 진행될 예정이오니, 마치는 시간까지 즐기시고 교류하시면서 송년의 추억을 만드시기 바랍니다."

좀 전까지만 해도 바쁘게 뛰어다니던 스태프의 모습은 온 데 간 데 없이 사라지고, 그녀는 마이크 앞에 서서 파티어들을 향해 인사말을 남긴다. 그렇게 그녀의 파티가 시작된다. 아무리 피곤이 쌓여도 파티가 시작되는 순간 화려한 조명과 함께 그녀의 세포는 다시 살아난다. 마치 갓 태어난 아이의 세포처럼 뽀송뽀송하게 살아 움직이기 시작하는 것이다. 그녀는 이렇게 말한다.

"파티는 제게 마법과 같아요. 마술에 걸린 듯 파티가 시작되는 바로 그 순간, 쌓였던 피로감은 씻은 듯이 사라지고 저는 저절로 천사처럼 웃게 됩니다. 비록 긴장의 끈을 놓지 않고 여러 가지를 챙겨야 하지만, 사람들 속에서 미소와 대화를 나누면서 행복한 시간을 보내는 거예요. 6시간이 넘도록 서 있어야 하는데도 다리가 아픈 줄도 몰라요. 파티가 끝나고 파티어들이 모두 돌아간 다음에야 저는 다시 원래의 모습으로 돌아오죠. 일순간에 피곤이 몰려오고 금세라도 쓰러질 것처럼 지쳐버리죠. 신데렐라의 마법이 풀린 것처럼 말이에요."

파티, 아는 만큼 보이고 준비한 만큼 즐긴다

언제나 비슷하게 반복되는 파티는 금세 사람들을 지루하게 만든다. 고객에게 만족감을 주기 위해서는 늘 새로운 체험과 새로운 문화, 새로운 만남을 준비해야 한다.

그녀는 파티에 오는 초대 손님들에게도 파티를 즐길 준비를 할 것을 권한다. 그래서 클럽프렌즈의 파티에는 항상 오리엔테이션이 먼저 있다. 클럽프렌즈는 회원제로 운영되기 때문에 파티에 참석하기 위해선 먼저 회원 등록부터 해야 한다. 일단 온라인상에서 일정한 절차를 거친 후 인터뷰를 통해 회원 가입 여부를 결정한다. 게스트 자격으로라도 파티에 참석하기 위해서는 반드시 오리엔테이션을 받아야 한다. 아무 준비 없이 몸만 가는 잔칫집이 아니라 파티는 준비가 필요한 만남의 자리이기 때문이다.

그녀는 단순히 노는 파티가 아니라 사교문화를 지향하기 때문에 오리엔테이션을 통해 파티의 개념을 먼저 전달하고 있다. 오리엔테이션에 빠지면 파티에 참석할 수 없다. 파티마다 테마가 달라지고, 이벤트와 참

석하는 사람들이 달라지기 때문에 준비는 필수다. 이 모든 게 파티를 제대로 즐기기 위해서이다. 특히 처음 파티에 참석하는 사람은 꼭 오리엔테이션을 거쳐야 당황하지 않고 파티장에서 사교계에 데뷔할 수 있다.

"초창기에 블루진을 테마로 파티를 플래닝한 적이 있었어요. 드레스 코드를 블루진으로 정하고, 그걸 지키지 않은 사람은 파티장에 입장시키지 않았어요. 일부 사람은 다시 집에 가서 청바지로 갈아입고 와서 파티를 즐겼죠."

당시만 해도 스탠딩 사교파티에 사람들이 익숙지 않았던 때였다. 모임에서 자리를 잡으면 처음부터 끝까지 자기 자리를 지키며 바로 옆 사람하고만 이야기하는 게 전부라고 여겨지던 때에 그녀는 스탠딩 사교파티를 기획하고 드레스 코드를 정해주면서 새로운 파티문화를 시도했던 것이다.

그렇다면 파티장엔 어떤 옷을 입고 가면 좋을까? 막상 파티에 갈 때 가장 먼저 고민되는 게 바로 의상일 것이다.

클럽프렌즈는 파티 초대장에 어떤 차림새를 해야 하는지에 대한 '드레스 코드'를 적는다. 드레스 코드를 보면 편안한 모임인지, 격식을 갖춰야 하는 모임인지를 가늠할 수 있다. 꼭 화려한 드레스를 입어야 하는 것은 아니지만, 파티의 호스트가 정해준 드레스 코드를 무시하고 운동복 차림이나 지나치게 편안한 복장을 하는 것은 예의에 어긋난다.

파티에서는 또 매너를 빼놓을 수 없을 것이다. 차 한 잔을 마셔도 다도가 있고, 와인을 마셔도 격식이 따로 있듯이 파티에 참석하는 파티어로서 갖춰야 할 매너가 있으리라. 그에 대해 파티플래너인 임정선은 까다로운 매너가 따로 있다기보다는 함께 교류하는 데 필요한 기본적인 매너를 지키는 게 필요하다며 다음과 같이 강조한다.

첫째, 공주님 왕자님은 되지 마라.

도대체 파티에 왜 왔는지 모를 정도로 타인에게 관심이 없고, 말을 걸어오는 사람에게도 퉁명스럽게 대답하는 사람들이 있다. 한마디로 파티 분위기를 깨는 스타일이다. 쑥스러워 그럴 수도 있지만, 여하간 상대방을 배려하지 못하는 태도 때문에 다른 파티어들의 기분을 언짢게 할 수 있다.

둘째, 남의 말 하지 마라.

공유할 수 있는 건전한 대화 소재를 찾는 대신 다른 사람에 대한 부정적인 평가만을 늘어놓는 경우가 있다. 파티를 즐겨도 모자랄 시간에 남 이야기로 상대를 불편하게 만들어서야 되겠는가. 파티 전에 다른 사람들과 대화를 나눌 수 있는 자신만의 소스를 미리 준비해두면 여러모로 쓸

모 있다. 또 파티 중에는 다른 사람들의 이야기를 적극적으로 들어주는
대화의 매너가 필요하다.

셋째, 파티의 가장 기본적인 에티켓은 '오픈 마인드'임을 명심하라.
파티는 서로를 배려하면서 솔직하게 나를 표현하고 즐기는 자리다. 그
러한 자세가 되어 있지 않으면 파티 분위기를 흐리게 된다. 나와 다른 스
타일, 다른 생각, 다른 성향을 가진 사람들과도 오픈 마인드로 어울릴 수
있는 자세야말로 파티에서 가장 필요한 매너라 하겠다.

파티플래너 감각은 '99% 노력과 1% 영감'으로

파티플래너는 우선 창의적이고 상상력이 풍부하고 감각이 있어야 한
다. 영화를 찍듯이 머릿속의 아이디어나 영감을 공간과 세트와 사람들로
구성된 파티로 표현해야 하기 때문에 음악, 미술, 디스플레이, 의상 등 종
합적인 부분에 감각을 발휘할 수 있어야 한다.
그러나 예술가적인 감각과 끼만으로는 부족하다. 파티의 준비 과정에
서 스태프의 중심 역할이 되어야 하고, 파티 자체를 이끌어가야 하기 때
문에 상당한 카리스마와 커뮤니케이션 능력이 요구된다.
특히 파티를 준비하는 과정에서 여러 분야의 거래처와 담당자들을 만
나게 된다. 자연히 그들과 협상하는 경우도 생긴다. 뿐만 아니라 파티어

들을 모으고 대화해야 하기 때문에 커뮤니케이션 능력은 파티플래너가 꼭 갖춰야할 자질이라 하겠다.

흔히 감성적인 감각이 절대적으로 필요하다고 생각한다. 그러나 파티는 자기만족을 위한 게 아니라 하나의 상품이기 때문에 기본적인 마케팅 감각이 있어야 파티플래너로서 인정받을 수 있다. 자기만족을 위한 지인들끼리의 파티가 아닌 파티플래너의 파티는 하나의 상품이기 때문에 고객의 취향을 읽어내 팔릴 수 있는 파티로 연출해야 한다. 예술가적 감각은 물론 마케팅, 상품기획자로서의 감각도 필요하다.

휴먼네트워크를 위한 '소셜파티'를 지향한다

그녀가 추구하는 파티는 사회적인 인맥 네트워크를 연결해주는 '소셜파티(Social Party, SP)'다. 파티를 통해 새로운 사람을 만나고, 파티를 통해 인맥을 넓히면서 휴먼네트워크를 강화해나가는 것이다. 파티를 단순히 유흥이나 놀이로 생각하는 것은 파티의 개념을 지나치게 폄하하는 것이라고 그녀는 말한다. 파티는 사람들과 만나고 관계를 맺는 훌륭한 문화의 장이라는 뜻이다.

"파티에 초대되는 파티어들이 가장 중요합니다. 서로 이야기가 통하고 코드가 비슷한 사람들을 연결해준다면 다늘 만족해하면서 나음에도 파티에 참석하고자 할 겁니다. 반대로 코드도 맞지 않을뿐더러 서로 싫어

하는 사람들끼리 묶어서 초대한다면 파티 분위기는 엉망이 되겠죠. 아마 두 번 다시는 그 파티에 오려고 하지 않을 거예요. 파티플래너의 상품이 소비자의 외면을 받게 되는 거죠."

그녀에게 파티는 '낯선 사람에게 말 걸기, 솔직한 커뮤니케이션을 통한 사교'이다. 그래서 파티를 플래닝할 때도 제일 먼저 초대할 사람들부터 기획한다. 아무나 초대하는 게 아니라 파티의 콘셉트와 테마에 따라, 혹은 함께할 사람들에 따라 초대할 사람을 기획하는 것이다.

"나와 코드가 맞는 사람들을 만나기가 쉽지 않은데, 테마파티에 와서 그런 사람들을 많이 만났어요."

"이곳에선 파티도 즐기면서 다양한 사람들도 만나게 되네요. 그러다 보니 저절로 인맥이 늘었고요. 파티에서는 다들 쉽게 친해지나 봐요. 친분이 쌓이다 보니 좋은 거래로 연결되기도 하네요. 일거양득이죠."

그녀의 파티에 나오는 사람들은 이렇게 말한다. 파티문화가 익숙지 않은 우리 사회에서 처음부터 익숙한 파티어들은 없다고 그녀는 말한다. 파티를 통해 커뮤니케이션 능력을 키우고 사교를 배우는 것이란다.

비즈니스 자리에서는 마음을 열고 다가가기 어렵다. 그러나 파티장에서는 다르다. 일보다는 인간적인 교감을 통해 친분을 쌓을 수가 있다. 부담 없이 서로 친해질 수 있는 것이다. 그런 관계가 넓어지고 깊어지다 보면 훨씬 쉽고 자연스럽게 비즈니스로 이어진다. 실제 많은 회원들이 파티 인맥을 통해 일적으로도 많은 도움을 받았다고 말한다.

"처음 파티에 참석할 때는 어색해서 자기소개도 잘 못하던 사람들이 점차 파티와 사교의 문화를 익히면서 변화되는 모습을 볼 때 파티플래너로서 보람을 느껴요. 연줄에 연연하지 않고 새로운 사람들과 휴먼네트워크를 확장해갈 수 있다면, 그것은 주말의 파티가 주는 축복일 겁니다. 소셜파티 전문 기획자로서 앞으로도 새로운 파티를 선보이기 위해 계속 노력해야겠죠."

그녀가 추구하는 파티의 핵심은 '커뮤니케이션'이다. 파티의 장식과 모양에만 치우치지 않고 다양한 만남과 커뮤니케이션, 문화적 경험의 기회를 늘려줌으로써 사람들의 삶을 풍요롭게 만들 수 있다면 그 또한 파티플래너의 보람이겠다.

"화려한 파티를 기획한다고 삶까지 화려한 건 아니에요. 그 뒤에 무수한 애로사항이 감춰져 있답니다. 하나의 파티를 기획해서 끝마칠 때까지 한순간도 긴장을 늦추지 못해요. 게다가 온몸으로 뛰어야 하는 직업이라 체력적인 소모도 상당하고요. 파티플래너가 되려면 강인한 체력과 전문적인 역량은 필수예요. 그리고 경력을 쌓기까지 참고 견딜 수도 있어야 하고요. 꽤 긴 시간이 걸릴지도 몰라요. 파티플래너로서 자기 일 자체를 사랑하지 않으면 이겨낼 수 없는 고난도의 작업이죠."

그녀는 스스로 파티에 매료되고 즐기는 사람만이 성공할 수 있다고 강조한다. 허상만 좇아 섣불리 뛰어들었다가는 결실은커녕 실망만 안고 떠날 수도 있다는 뜻이다.

focus

화려해보이지만
온몸으로 뛰어야 하는 신데렐라

파티의 모든 것을 기획하고 실제 진행하는 디렉터

파티플래너는 파티를 기획하고 운영하는, 한마디로 파티의 전 과정을 진행하는 사람이다. 파티의 목적과 테마를 정하는 일은 기본이고, 기획과 콘셉트에 맞는 파티 장소, 음식과 술의 종류, 음악과 조명, 디스플레이, 파티에 포함할 행사나 이벤트 등 파티의 프로그램까지 모두 기획한다.

초대자를 선정하여 초대장을 만들어 발송하는 작업부터 아티스트를 섭외하거나 파티에 필요한 거래처를 조율하는 것도 파티플래너의 몫이다. 그리고 파티가 임박해서는 파티의 큐시트(시나리오)를 작성하고 스태프 및 진행요원을 교육하는 한편, 파티 당일에는 호스트와 파티 디렉터의 역할까지도 해야 한다. 파티플래너의 역량에 따라 파티의 콘셉트에서부터 초대되는 사람들의 수준, 파티의 분위기가 모두 좌우된다고 볼 수 있다.

파티플래너 직업의 전망

파티문화에 익숙지 않은 우리 사회도 지난 10년 동안 많이 변했다. 파티문화가 급속도로 확대되면서 파티플래너의 역할이 커졌고, 파티 관련 기획사들도 많이 생겨났다. 파티가 하나의 라이프스타일로 인식되기 시작함에 따라 전문적인 파티플래너의 위상도 계속 높아지고

있다. 파티 등의 이벤트가 하나의 사회적 문화코드로 자리 잡으면
서 파티플래너에 대한 인식도 좋아졌을뿐더러 파티플래너에 대
한 수요 또한 급증하고 있는 것이다. 파티플래너란 직업의 전
망은 갈수록 좋아질 것이다.

　하지만 아직은 파티플래너라는 직업이 완전히 정착된
것은 아니다. 높아진 관심에 비해 현실적으로는 가야 할
길이 아직 멀다. 파티플래너로 첫발을 내딛더라도 처음
에는 적은 급여에 만족해야 한다. 뿐만 아니라 상당히 고
된 생활을 견뎌내야 한다. 그러나 차츰차츰 경력이 쌓여 사람들
을 모을 수 있는 파티플래닝 기획력을 인정받으면 급여의 인
상 폭이 상당히 큰 편이다.

파티를 의뢰하는 다양한 고객들

　백일파티부터 일반 생일파티, 웨딩파티를 의뢰하는 고
객도 있지만, 개인적인 네트워크 관리나 확장을 위해
파티를 의뢰하는 개인 고객도 많다. 뿐만 아니라 고객
의 사은 행사나 브랜드 및 신제품 론칭파티, 이미지
홍보를 위한 이슈파티, 기업의 신년회나 연말모임 등을
위한 기업행사파티 등 기업이 파티플래닝을 의뢰하는 경우
도 점점 많아지고 있다. 단체나 기관에서 특별 축제나 영화제 리
셉션파티를 의뢰하는 경우도 있다. 파티문화가 확산되면서 고객층
도 다양해지고 있다.

파티플래너가 되는 길

최근에는 전문학교 등에 파티플래너와 관련된 학과가 제법 많다. 주로 실습 위주의 교육을 거쳐 파티플래너를 양성하고 있다. 또한 관련 협회에서 교육을 실시하는 경우도 있는데, 파티의 하드웨어적인 기술을 교육하는 데 그치는 경우가 대부분이다.

하지만 학교나 학원에서 교육받은 것만으로는 파티플래너의 비즈니스 세계에서 명함 내밀기도 어렵다. 학교나 학원에서 아무리 열심히 배웠다 해도 막상 현장에서 뛰다 보면 부족한 게 한둘이 아닌 것이다. 가장 좋은 교육은 역시 파티를 기획하고 진행하는 현장에서 직접 부딪치며 깨우치는 것이리라.

아직은 파티플래너로 인정받을 수 있는 자격증이 따로 있는 건 아니다. 지금처럼 자격증제가 마련되지 않은 상황에서는 대학이나 학원, 협회 등에서 실시하는 교육에 만족하지 말고, 실제 파티플래닝을 하고 있는 회사에 들어가서 기초부터 착실하게 실무 능력을 다지는 게 더 중요하다 하겠다.

파티플래너와 비슷한 직업들

파티 기획부터 진행, 마무리까지 총괄하는 파티플래너처럼 어떤 일을 전체적으로 플래닝하는 이들이 있다. 예를 들어 결혼식을 플래닝하는 웨딩플래너, 전시회를 플래닝하는 전시플래너, 국제회의나 전시회 등의 행사를 기획하고 진행하는 컨벤션기획자들이 있다. 이들은 각 직업별로 결혼식에 대한 감각 혹은 전시나 컨벤션에 대한 감각이 필요할 뿐만 아니라, 모든 일을 처음부터 끝까지 추진하는 만큼 다양한 사람들과 커뮤니케이션할 수 있는 기술과 강력한 추진력을 갖추고 있어야 한다.

웨딩플래너는 결혼을 앞둔 고객을 대상으로 결혼식에 관한 모든 것을 상담해주고, 모든 일정이 원만하게 진행될 수 있도록 관리해주는 일을 한다. 식장 섭외, 웨딩패키지, 신혼여행, 예물, 예단, 예식, 폐백 등 결혼식과 관련된 모든 과정에 대한 정보를 충분히 제공하고, 직접 진행까지 맡기도 한다. 이때 친절함은 기본이고 고객이 만족할 수 있도록 커뮤니케이션하는 게 중요하다.

전시플래너는 어떤 제품이나 서비스를 알리기 위한 전시를 기획하고 진행하는 일을 한다. 대개 우리가 잘 아는 종합전시장인 킨텍스(KINTEX)·코엑스(COEX) 등의 전시팀에 소속되거나 전문 전시기획사, 이벤트기획사 등에 들어가서 실무 경력을 쌓기도 한다.

컨벤션기획자 중에는 국제회의를 유치하고, 기획하고, 국제회의의 전 과정을 진행하는 국제회의전문 기획자도 있다. 이들에겐 행사에 대한 정보수집력도 중요하지만, 국제회의인 만큼 외국어 능력은 필수다. 대규모 회의가 많은 만큼 상당한 추진력과 책임감을 갖고 해나가야 한다.

파티플래너 임정선이 말하는
세 가지 기본훈련법

뭐든 많이 접하고 많이 만날 것!

젊은 여성들 중엔 파티플래너의 꿈을 키우는 이들이 많다. 멋진 파티를 기획하고 연출하고 진행하는 파티플래너는 늘 예쁜 옷을 입고 화려하게 사는 듯 보이지만 실상은 그렇지 않다. 그런데도 파티플래너가 되고 싶다는 사람들이 점점 더 많아지는 걸 보면 매력적인 직업이긴 하나 보다.

그렇다면 보다 전문적이고 능력 있는 파티플래너가 되기 위해선 평소 어떻게 해야 할까? 여기 그 답이 있다. 임정선이 권하는 세 가지 트레이닝만 꾸준히 반복적으로 한다면 성공한 파티플래너 대열에 낄 수 있을 것이다.

첫째, 폭넓은 문화체험을 쌓아라.
시간이 날 때마다 좋은 공연이나 음악회, 콘서트, 미술 전시회 등을 보러다니면서 다양한 문화와 아티스트를 접하는 기회를 가져야 한다. 특히 다양한 분야에서 활동하는 아티스트들과 친구가 되면 서로 아이디어와 영감을 나눌 수 있다. 실제로 새로운 테마를 생각해내거나 파티의 퍼포먼스를 기획하는 데 많은 도움을 주고받을 수 있다.

둘째, 다양한 파티의 파티어가 되어보아라.

파티플래너 자신이 직접 다양한 파티를 경험해봐야 한다. 고객의 마음을 알아야 고객을 만족시키는 파티를 기획할 수 있다. 다른 사람이 기획한 파티에 나 자신이 파티어가 되어 참석해서 실제 불편한 점은 무엇인지, 아쉬운 점들이나 벤치마킹 할 만한 장점은 있는지, 내가 만약 파티를 기획했더라면 어떤 부분을 더 세심하게 배려했을 것인지 등을 고려해본다. 그리고 그 내용을 정리해둔다. 이러한 경험은 직접 파티를 기획할 때 엄청난 도움이 된다.

셋째, 다양한 인맥을 쌓아라.

파티는 사교의 장이다. 내가 지향하고 만들어가는 소통과 문화에 대해 이해하고 공감할 수 있는 지인들이 많다면 그만큼 풍부한 역량을 가질 수 있다. 그들은 파티어가 될 수도 있고, 고객이 될 수도 있다. 파티의 시작과 완성은 사람이니만큼 인맥을 디자인해야 한다.

넷째, 모든 파티 리스트를 재창조하라.

무(無)에서 유(有)를 만들어내는 창조는 없다. 과거에 내가 진행했던 파티나 다른 사람의 파티에서 얻은 자료는 두고두고 도움이 된다. 아무리 쥐어짜내도 신선한 아이디어가 떠오르지 않을 때 예전에 정리해둔 자료를 다시 훑어보면 의외로 좋은 아이디어를 건질 수 있다. 파티의 기록과 자료는 그 자체가 귀중한 정보인 셈이다.

지구촌 이웃을 돕는 NGO,
월드비전의 국제개발 활동가

장문희

매일 스스로에게 묻는다.
나는 그 아이들을 위해 최선을 다했는가.
할 수 있는 모든 일을 다해 보았는가.
세계의 어디에선가 굶고 있는 아이들이 있는 한
나는 쉴 수가 없다. 나의 작은 수고가
그 아이들에게는 생명을 이어나갈 수 있는
거의 유일한 길이기에…

장문희
1979년생. 국제구호개발기구 월드비전 한국(www.worldvision.or.kr)의 국제개발팀 과장. 서울에서 태어나 영문학과
문헌정보학을 전공했다. 교환학생으로 도착한 영국에서 평화학과 종교학을 공부하면서 국제구호 활동에 눈을 떴다.
현재 월드비전 한국에서 아시아 지역의 개발사업 총괄을 맡아 세계를 무대로 왕성하게 활동하고 있다.

"남을 돕는 게 아니라
함께 살아가는 것이다!"

국내보다 해외에 더 많이 머무르는 국제개발 활동가

땅거미도 이미 져 어둑어둑한 밤시간이었지만, 작가가 찾아간 '월드비전 한국'의 여의도 사무실의 불빛은 아직 환하게 밝혀져 있었다. 비즈니스맨들이 모두 빠져나간 도심 한복판의 빌딩에서 며칠 뒤로 예정돼 있는 인도 출장을 준비하느라 여념이 없는 장문희를 만났다. 그녀는 삼십 대 초반의 나이라고는 믿기지 않을 정도로 화장끼 없는 깨끗한 피부에 어린애처럼 해맑은 표정을 짓고 있었다.

"저는 월드비전 한국이 아시아에서 펼치고 있는 개발사업 전반을 총괄하고 있어요. 나라로 치자면 방글라데시, 동티모르와 같은 나라들이죠. 한 국가라 해도 상황과 넓이에 따라 여러 지역으로 나눠진 경우도 있는데, 예를 들어 인도는 모두 6개 지역으로 나누어 사업을 진행하고 있어요."

현재 그녀는 대표적인 글로벌 NGO(비정부기구)인 월드비전 한국에 소속되어 국제개발 활동가로 일하고 있다. 각 지역의 현황을 돌아보고 분석하여 그곳에 필요한 국제지역개발 프로젝트를 기획하는 한편, 추진과 운영을 관리하는 것이 그녀의 역할이다.

그녀는 보통 일 년에 절반 이상을 해외에서 보낸다. 해외라고 하면 부러워하는 사람들도 있겠지만, 파견되는 곳 대부분이 저개발 국가이다 보니 현지에서는 불편한 점이 한두 가지가 아니다. 여행을 가도 재래식 화장실이 있는 곳이라면 일단 뒷걸음질치고 보는 작가로서는 저개발 국가를 제집 드나들 듯이 하는 국제개발 활동은 엄두도 못 낼 일이다.

그녀에게 현지 생활에 대해 물으니 역시나 그러하단다. 아주 가끔은 운이 좋아 호텔에 투숙하는 경우도 있지만, 거의 대부분은 제대로 된 숙박시설 하나 없는 오지마을에 머물러야 한다고. 아예 화장실조차 없어 자연의 방식대로 대소변을 해결해야 한다고나 할까?

하지만 불편한 생활쯤은 약과다. 안전은커녕 생명에 위협을 받을 수도 있다. 정치적으로 불안정한 곳도 많고, 보건위생적으로 사각지대인 곳도 많으니 말이다. 예방접종이나 기본적인 안전교육을 받긴 하지만, 그곳의 환경 자체가 낯설고 위생이나 방역 등이 부족한 면이 많은 국가들이다 보니 허점이 많다.

또한 짧은 기간 동안 집중적으로 많은 일을 처리해야 하기 때문에 늘 과도한 업무량과 스트레스에 시달린다. 제대로 쉬질 못하니 병에 걸리기도 쉽다. 실제로 말라리아에 감염되는 경우도 많다. 어떨 때는 불안정한 현지 사정으로 말미암아 활동하는 데 통제를 받기도 하고, 심지어 호텔에 갇혀 있게 되는 경우도 종종 있다.

이처럼 험하고 열악한 현장을 약하고 가녀린 몸으로 어떻게 종횡무진 다니며 개발사업을 수행하고 있는지 의아스럽게 느껴졌다. 그녀의 힘은 아마도 육체적인 체력보다는 따뜻한 마음과 사명감이 아닐까 싶었다.

사실, 한국에서 대학을 마치고 교환학생으로 영국 유학을 떠날 때만 해도 NGO 활동이 자신의 길이 되리라고는 생각지 못했단다. 학창 시절부터 봉사 활동에 참여하는 것을 즐기긴 했지만, 그녀의 목표는 공부를 계속하는 것이었다. 그런데 유학생활이 그녀의 꿈을 바꿔놓았다. 영국에서 공부를 하면 할수록 자꾸 마음이 흔들렸던 것이다.

"저도 모르게 자꾸만 끌리는 거예요. 그러다가 문득 NGO 활동에 대한 자료와 정보를 모으고 있는 저 자신을 발견했고요."

뒤늦게 발견한 진짜 꿈이었기에 더 간절했는지도 모른다. 운명의 길을 찾은 듯 점점 더 간절한 마음이 되어서, 귀국도 하기 전에 영국에서 한국의 NGO 활동의 코스를 알아보았다. 그리고 귀국하자마자 북한 어린이를 돕는 관련 단체에 들어가 NGO 활동 경험을 쌓기 시작했고, 그러다가 드디어 월드비전의 채용 소식을 듣고 지원하게 된 것이다.

잘 모르는 사람들은 국제개발 활동이나 구호 활동을 단순한 봉사직으로 여겨 특별한 자격조건이 없을 거라고 오해하기 쉽지만, 사실 엄격한 시험을 통과해야만 입사할 수 있다.

장문희 역시 월드비전의 엄격한 채용 절차를 통과했기에 자신이 원하는 활동을 할 수 있게 된 것이다. 첫 번째 관문은 서류전형이었다. 이것을 통과한 다음엔 영어, 영작 등의 필기시험과 면접을 보았다. 면접은 영어 면접과 우리말 면접 두 가지 모두를 보았다.

그녀는 NGO 단체에서 뽑고자 하는 직원은 어떤 사람이냐는 물음에 "물론 NGO 관련 학문을 전공한 사람을 선호하긴 해요. 하지만 그것보다는 NGO 일에 대한 목표의식이 분명한지, 자신의 정체성을 분명히 하고 있는지를 확인하는 데 초점을 둔다"라고 말한다.

2006년 정식으로 입사한 뒤로 현재까지 그녀가 근무하고 있는 '월드비전'은 어떤 곳인지 잠시 살펴보자. 월드비전은 전 세계 97개국에서 1억 명의 지구촌 이웃들을 위한 구호, 개발 및 옹호사업을 진행하는 국제구호개발 NGO로, 연락사무소와 같은 역할을 하는 월드비전 인터내셔널을 중심으로 미국과 호주, 한국 등 97개 나라의 회원국으로 이뤄져 있다. 월드비전 한국은 탤런트 김혜자, 박상원, 정애리, 한혜진, 아나운서 박나림 등이 친선대사 및 홍보대사로 함께하고 있는 것으로도 잘 알려져 있다.

1950년 한국전쟁으로 부모를 잃은 고아들과 남편을 잃은 부인들을 돕기 위해 미국인 선교사 '밥 피어스(Bob Pierce)'와 '한경직' 목사에 의해 처음 설립되었다. 월드비전 한국은 1991년까지 해외 후원자들의 도움을 받아오다가, 그 이후에 도움을 받는 국가에서 도움을 주는 입장으로 발전하였다. 현재 전 세계 40개 나라에서 30만 명이 넘는 해외 어린이들과 지역 사회를 대한민국의 이름으로 돕고 있다.

월드비전의 사업은 크게 구호와 개발, 옹호, 3개 영역으로 나눠진다.

첫째, 한비야 국제구호팀장으로 유명한 '국제구호사업'이다. 자연재해와 분쟁으로 고통 받는 가난한 이웃들에게 신속한 도움의 손길을 제공하여 빠른 시일 내에 일상으로 복귀할 수 있도록 돕는 사업으로, 대규모의 물자지원과 식량배급, 보건사업 및 재건 복구사업 등을 수행한다.

둘째, 장문희 과장이 헌신하고 있는 '국제개발사업'이다. 긴급구호 단계를 벗어난 지역에서 10~15년에 걸쳐 이뤄지는 사업으로, 식수와 보건, 교육과 소득증대 등의 영역을 포괄하는 대단위 지역개발사업을 통해 힘들게 사는 지구촌 이웃들이 가난의 사슬을 끊고 스스로 발전해나갈 수 있는 힘을 길러준다. 월드비전은 이러한 지역개발사업을 펼치는 NGO들 중에서도 치밀한 사업매뉴얼과 지역 주민들과의 심도 있는 협력으로 가장 효과적인 사업을 수행하는 기관으로 유명하다.

끝으로 '옹호사업'은 세상의 모든 어린이가 안전하게 자랄 수 있는 세상을 만들기 위해 펼치는 각종 교육 활동 및 캠페인을 뜻한다.

방글라데시, 야간학교를 지원하다

그녀의 첫 해외 근무지는 방글라데시였다. 첫 해외사업 지역이었던 만큼 아직까지 애착이 남아 있고 그곳 아이들의 얼굴도 종종 떠오른다.

2006년 월드비전에 입사하여 방글라데시로 첫 출장을 떠났을 때다. 목적지에 도착한 그녀는 일단 여장을 풀고 월드비전의 현지 직원을 따라 외딴 마을의 야간학습장을 찾았다. 그곳엔 80여 명의 학생들이 모여 있었다. 월드비전의 지원을 받기 전까지 이곳 학생들은 공부를 하고 싶어도 할 수 없는 상황에 처해 있었다. 집안 형편상 낮에도 돈벌이를 해서 가계에 보태야 했기 때문이다. 월드비전은 이러한 지역 상황을 고려하여 학교 선생님들에게 일정 보수를 지급하고 학생들에게 무료로 공부를 가르치는 야간학습장을 열었다.

그런데 그 지역은 수시로 정전이 되는 곳이라서 그녀가 찾아갔을 때도 주변이 온통 깜깜했다. 학생들은 어둠 속에서 몇 안 되는 촛불을 켜놓고 그 주변에 둥그렇게 모여앉아 수업을 받고 있었다. 그 모습을 본 그녀가 현지 사정을 잘 아는 일행에게 물었다.

"제 돈으로 아이들에게 손전등을 사주고 싶은데, 괜찮을까요?"

개인 돈을 지원 지역 주민이나 아이들에게 직접 주는 것은 금지된 사항이었으나, 입사한 지 얼마 되지 않은 그때의 장문희는 그런 규정을 잊은 채 오직 아이들이 밝은 빛으로 책을 볼 수 있었으면 하는 마음뿐이었다. 전기시설이 부족하니 손전등이 있어야 할 것 같았다.

"손전등 가격이 얼마죠?"

"세 개에 120달러인데, 지금은 사무실 경비로 100달러 정도밖에 없네요…."

"제가 20달러 보탤게요."

그녀는 개인 돈을 내면 안 된다고 만류하는 데도 기어이 자신의 돈을 조금이나마 보태고 말았다. 그래야 마음이 조금은 편할 것 같았다. 얼마 뒤 손전등을 들고 옹기종기 모여앉은 소년들의 모습을 보고 나서야 무겁던 마음 한구석이 가벼워지는 듯한 느낌이었다.

야간학교와 현지 공공학교와의 협조가 잘 이뤄져 야간학교에서 공부한 학생들도 고교졸업시험(우리나라의 검정고시와 같은 시험)에 응시할 수 있게 됨으로써 이제는 야간학교에서도 고등학교 졸업장을 딸 수 있게 되었다. 학생들 수도 100명을 넘어서고 있다.

"공부만 열심히 하면 가난한 학생들이 무료 야간학교에서 고등학교 졸업장을 딸 수 있으니 다행스러운 마음이에요. 교육은 개발도상국의 지역개발에 있어 없어서는 안 될 핵심 사업이죠. 단순한 지원이 아니라 스스로 미래를 열어가고 개척할 수 있는 자립의 힘을 길러주는 게 바로 교육이니까요!"

요즘도 그때 일을 혼자서 떠올리곤 한다. 아이들이 한 글자라도 더 편하게 보았으면 하는 단순하리만큼 순수한 그때의 마음을 초심으로 간직하고 세계를 돌 때마다 되새기곤 한다.

인도의 나병촌에서 새로운 미션을 발견하다

"나병? 나병이라고요? 옛날 우리나라에도 흔히 볼 수 있었던 그 문둥이라고 비하되던 그 병 말인가요?"

인도에 나병촌이 있다는 말에 깜짝 놀랐다. 더군다나 인도의 나병촌은 국가로부터 어떠한 지원이나 복지 혜택도 받지 못한 채 자기들끼리 모여서 우왕좌왕 살아가고 있다는 것이다. 나병이라면 아직까지도 문둥이라는 비하된 말이 더 익숙한 슬픈 전염병이 아닌가. 몇 십 년 전만 해도 우리나라에서도 종종 거리에서 나병환자들을 볼 수 있었다.

"해와 하늘빛이 / 문둥이는 서러워 / 보리밭에 달뜨면 / 애기 하나 먹고 / 꽃처럼 붉은 울음을 밤새 울었다."

시인 서정주가 이렇게 노래했던 문둥이. 그녀는 그 마을을 직접 가보기로 했다. 후원금 예산금액이 잡혔는데, 그 자금으로 어느 지역에 대한 지원 프로그램을 기획해야 할지 의논을 하던 즈음이었다. 나병촌을 맡고 있는 현지 직원의 이야기를 실제 가서 확인해보기로 한 것이다.

그 지역을 담당하는 현지 직원을 따라 나병촌에 들어섰다. 한국에서 온 그녀는 그들에게 낯선 이방인일 뿐이었다. 어느 지역을 가더라도 사람들은 처음엔 이방인에 대한 경계심을 담고 그녀를 바라본다. 마음을 열고 다가오기까지에는 시간이 필요하다.

"현지 사람들에게 우리는 낯선 외국인일 뿐이에요. 지원하러 갔다고는 하나 처음에는 진심을 오해하기도 하죠. 그래서 처음에는 경계하거나 무관심한 시선을 보내고, 쉽사리 마음을 열지 않아요. 불신과 경계의 벽을 허물고 다가가 마음의 문을 열어서 대화를 이끌어내고, 그들이 가장 절박하게 필요로 하는 게 무엇인지 파악하는 것이 우리의 몫인 셈입니다."

나병촌에 처음 갔을 때는 그들에게도 장문희 그녀가 이방인이었지만, 그녀에게도 나병인들이 낯설고 조금 두렵게 느껴졌다. 나병촌을 맡고 있는 현지 직원은 이미 익숙해져 있는 듯했다. 그 직원과 같이 걷는데 문득 나병인 한 사람이 아는 체하며 가까이 다가왔다.

"…!"

그녀는 순간적으로 흠칫 놀랐다. 현지 직원에게 인사를 하며 다가오는 나병인의 얼굴은 여기저기 문드러져 있었고, 얼핏 보기에 손가락 마디들도 모두 떨어져나가고 없었다. 그것도 잠시, 그녀는 곧 모든 광경에 익숙해졌다. 그곳의 모든 사람이 같은 모습이었으니까 말이다.

현지 직원은 설명을 계속했다.

"이곳 사람들은 뚜렷한 직업이 없어요. 일을 가질 수도 없죠. 그나마 병의 진전이 덜 된 사람들이 거리로 나가 쓰레기나 고물을 주워서 내다팔아 겨우 입에 풀칠을 하는 정도죠. 200가구쯤 있는데 한 가구마다 아이들이 있기도 합니다."

"아이들이 나병에 걸린 부모와 함께 있나요?"

"그럼요. 따로 아이들을 맡길 데도 없는 이들이에요."

마을엔 사람 머리보다도 지붕이 낮은, 금세라도 쓰러질 듯한 판잣집들이 줄지어 있었다. 마을 한 귀퉁이에는 내다팔 쓰레기와 고물이 가득 쌓여 있고, 또 그 옆에는 나병촌에서 나온 갖가지 쓰레기가 쌓여 있었다. 그리고 그곳에서 철없는 아이들이 놀고 있었다. 아이들에게는 쓰레기도 장난감이 되는 걸까. 배고픔에 시달리는 아이들인데도 동심은 살아 있는지 자기들끼리 놀이를 하고 있었다. 이미 나병에 감염된 모습도 있고, 아직은 피부가 깨끗한 아이들도 있었다. 그들의 깨끗한 얼굴에도 곧 나병의 흔적이 나타나기 시작할지 알 수 없는 일이었다.

그녀는 나병촌에서 국제개발 활동가로서의 일을 시작했다. 그녀는 먼저 나병촌과 그 주변의 지도를 커다랗게 그려 그곳 사람들에게 보여주었다.

"여러분이 살고 있는 마을이에요. 이곳에 뭐가 필요한가요? 필요한데도 없는 게 뭔가요? 직접 그려보세요."

사람들이 차례로 이것저것을 그려넣었다. 학교, 우물, 병원, 일터…. 그랬다. 그네들의 고단한 삶에는 꼭 필요한데도 없는 게 너무 많았다. 그녀는 일일이 그러한 요구들을 수렴하여 지원 프로젝트를 기획하고 보고서를 작성했다.

그리고 지원 계획이 확정됨에 따라 먼저 마을회관을 개보수하고, 부녀자들에게 가내수공업 기술을 가르치고 일자리를 제공했다. 남성들의 창업을 지원하기 위해 일정 금액의 융자를 지원하는 것은 물론 정기적인 건강검진도 실시했다. 비록 그들에게는 짊어지고 가야 할 병이 있지만 살 길도 있었다.

그곳에서 활동하면서 그녀가 마주한 것은 절망이 아니었다.

"처음에는 처참한 상황 속에서 그들이 일그러지고 좌절하고 있을 거라고 지레 짐작했지만, 그들의 표정은 의외로 어둡지만은 않았어요. '어떻게 하면 좀 더 나아질 수 있을까, 어떻게 살아갈 수 있을까 함께 고민해보자. 우리는 약하지만 충분히 해나갈 수 있다'고 말하는 것 같았죠. 인간으로서의 존엄성이라고 할까, 최악의 상황에서 지켜지고 있는 인격체로서의 존엄성을 눈으로 목격한 느낌이었어요. 신체 건강하고도 정신이 병들어 사회에 해를 끼치는 사람도 많잖아요."

가슴은 뜨겁게 머리는 차갑게

언젠가 방글라데시의 에이즈 감염자들을 위한 지원사업을 추진한 적이 있었다. 그때 만났던 한 가족은 갓난아기까지 모두 에이즈에 걸려 있었다. 특히 아기의 상태가 위급했다.

"이렇게 됐다가는 생명이 위험해요. 약을 구해야 하는데…."

방글라데시에서는 에이즈 증세를 완화시켜주는 약을 구할 수가 없었다. 그래서 인도에서 약품을 긴급 공수했는데, 다음해 다시 방글라데시를 찾았을 때 아기는 이미 숨을 거둔 뒤였다.

"그런 경우엔 정말 힘이 다 빠지고, 슬픔에 잠기게 되요."

하지만 수시로 만나는 복병처럼 가는 곳마다 겪는 가슴앓이에도 이제

는 조금 단련이 되었다. 마음이 아
프다고 해서 해결되는 일은 아
무것도 없으니까. 움직여야 했
다. 마음이 아플수록, 그들에
게 뭔가 도움이 되고 싶을수
록 생각하고 계획을 세우고
움직여야 했다. 한정된 돈으
로 더 많은 지원을 할 수 있어야
하니까 말이다.

지원할 수 있는 자금은 한계가 있는데, 가는 곳마다 도움의 손길을 간
절히 바라고 있다. 모두가 절실하지만 가장 시급하고 또 필요한 지역을
선별해내야 하는 결단의 순간이 그녀에게는 가장 힘들다. 마음으로야 뭐
든지 다 해주고 싶지만 현실적인 여건이 한계가 있기 때문에 냉정하게
지원이 시급한 부분부터 선택할 수밖에 없다. 냉정한 판단력이 필요한데
모든 지역의 안타까운 사정을 뻔히 알면서도 어느 하나를 선택할 수밖
에 없기 때문에 마음고생이 심하다. 그저 도움을 주는 사람들이 계속 늘
어나서 더 많은 어린이들을 돕게 되길 바랄 뿐이다.

월드비전에서는 이러한 지역개발사업을 안정적으로 수행하고, 후원자
들로 하여금 지속적인 기부를 할 수 있도록 돕기 위해 개발사업이 진행
되는 지역의 어린이와 후원자를 일대일로 연결해주는 일을 하고 있다.
그들이 서로 편지와 선물을 주고받으며 물질적 후원뿐 아니라 정서적인

지원까지 가능하게 하는 아동결연후원(Child Sponsorship) 프로그램을 진행하고 있는 것이다.

아동결연후원자는 매달 3만 원의 후원금으로 지구 반대편의 어린이와 그 어린이가 사는 지역 사회를 함께 후원하며, 우리의 도움과 사랑이 절실한 아이들에게 세계로 난 희망의 창이 되어줄 수 있다.

장문희는 아직 한 번도 만난 적이 없는 '삼부로'라는 아프리카의 소년과 결연한 네 살배기 후원자 수연이를 알고 있다. 물론 후원금을 내는 사람은 수연이의 어머니다. 결연을 하고 '삼부로'에 대해 알려준 뒤로는 TV에 아프리카 어린이만 나오면 수연이는 "삼부로 나왔다!" 하며 반가워 소리를 친단다. 서로의 존재를 느끼고 함께 성장하는 보람이 있어서인지 해외자매결연에 대한 후원자들의 만족도도 높은 편이다.

수연이와 삼부로처럼 지구의 이편과 저편의 사람들이 사랑의 끈으로 더 많이 연결되기를 장문희는 희망한다. 서로 만나지는 못하더라도, 얼굴 한 번 본 적은 없더라도 느낄 수 있는 사랑의 끈 말이다.

초심을 잃지 않고 헌신하는 국제개발 활동가가 되고파

국제개발 활동가는 일 년에 반은 외국에서 보내야 하고, 국내에 있을 때도 거의 매일 야근이다시피 하니 정상적인 생활을 할 수가 없다. 또한 수익보다는 봉사 성격이 짙은 일이기 때문에 배우자의 이해가 절대적으로 필요하다. 장문희 역시 지금의 남편과 교제를 시작할 때 자신의 일과 활동에 대해 이해하고 수용할 것을 조건으로 했단다.

그녀가 담당하는 국제지역개발사업은 해외 각지의 빈곤한 지역을 지원하는 일이다. 각 지역 상황을 파악하고, 상황과 후원금액에 맞는 맞춤형 지원 프로젝트를 개발하는 것 또한 그녀의 일이다.

"국제개발 활동을 한다고 하면 사람들은 '참 좋은 일 하시네요'라고 하는데, 그 말이 저는 싫어요. 착한 일, 좋은 일이 아니라 전문적인 일이거든요."

그녀는 해외지역개발사업이 단순히 좋은 일, 봉사가 아니라 철저한 현장 분석과 전략, 기획력이 필요한 일이라고 강조한다.

장문희는 어려서부터 무언가 다른 사람을 위해 헌신하는 것을 좋아하는 성격이었다고 한다. 적성검사를 하면 꼭 서비스 업종이나 종교계가 나오곤 했다. 그녀 스스로도 다른 사람에게 필요한 일을 해주는 걸 즐겼다. 그러니 그녀는 현재 자신의 DNA에 꼭 맞는 자리에 와서 열정을 쏟고 있는 셈이다.

"변화되는 지역 사회의 모습을 직접 눈으로 보고 체험하는 게 저의 보람입니다. 긴급구호와는 달리 지역개발사업은 10년, 20년을 내다보고 하는 장기 플랜이라서 1~2년 만에 가시적인 성과를 바라기보다는 오랜 시간에 걸쳐 지역의 체질 자체를 개선해가는 거예요. 급한 마음보다는 미래를 내다보고 기다리는 마음으로 접근해야 합니다. 그들의 삶 속으로 저의 삶을 포개는 일이죠."

국제 사회의 빈곤 문제는 이제 어느 한 국가만의 일이 아니다. 지난 2000년 유엔(UN)은 전 세계 189개국 대표들이 모인 정상회의에서 '새천년 개발 목표'를 채택하였다. 그리고 그 자리에서 전 세계의 빈곤 문제를 해결하기 위해 공동의 노력이 필요하다는 인식을 공유했다.

각 국가의 정부는 물론 개발기구 및 비정부국제기구(NGO)는 이러한 공동의 목표를 실현하기 위해 보건, 의료, 교육, 소득 증대 등 다양한 지원사업을 펼치고 있는 것이다.

장문희, 그녀는 바로 그러한 큰 흐름의 정점에 있다. 그리고 더 많은 사람들이 세계 빈곤과 가난을 퇴치하는 일에 동참해주기를 희망한다.

"우리의 비전은 모든 어린이가 풍성한 삶을 누리는 것이며, 우리의 기도는 모든 사람들이 이 비전을 실현하도록 하는 것입니다(Our vision for every child, Life in all its fullness, Our prayer for every heart, the will to make it so)."

이 말은 월드비전의 비전헌장인 동시에 그녀가 늘 가슴에 새기고 다니는 장문희의 미션이기도 하다.

"처참한 상황에서도 그들의
표정은 어둡지만은 않았다.
'우리는 약하지만 충분히 해낼 수
있다'고 말하는 듯했다. 무엇으로도
빼앗을 수 없는 삶의 희망을
눈으로 목격한 느낌이었다."

세계를 가슴에 품어라,
밥 굶는 어린이가 없는 미래를 위하여!

기아·재난 등으로 허덕이는 인류를 위한 일

최근 글로벌 NGO 활동에 대한 관심과 선호도가 높아짐에 따라 젊은 여성들 중에서도 보람 있고 역동적인 이 분야에 도전해보고 싶어 하는 경우가 많다. 실제로 NGO에서 인력 충원을 할 때 보면 고학력 지원자들도 이제는 흔한 일이 되었다.

글로벌 NGO는 해외 곳곳의 빈곤과 가난을 퇴치하고 위기 지원 등의 활동을 한다. 따라서 NGO 활동가는 다른 전문 직업과 달리 학력 자체보다는 NGO 일에 대한 잘못된 환상을 경계하고 실질적인 헌신의 자세를 가지고 있어야 한다고 선배들은 강조한다. 또 한편으로는 그냥 좋은 일 하는 차원이 아니라 전문적인 지식과 내공을 쌓아야 함은 물론이다.

외국어 능력은 기본~

세계를 무대로 뛰기 때문에 외국어 능력은 필수다. 반드시 여러 나라의 언어를 모두 할 수 있어야 하는 것은 아니지만, 여러 외국어가 가능하다면 활동 반경도 그만큼 넓어진다. 현지인들과 대화하고, 그들을 이해하고, 그들이 필요로 하는 것을 파악하기 위해서는 언어 소통이 되어야 하기 때문에 해외 담당 지역을 선정할 때 외국어가 가능한 지역을 우선적으로 고려한다.

해외 지역 주민들의 마음과 요구를 읽어야

국제개발사업은 현지에서 만난 이들의 말과 의견을 듣는 데서 시작된다. 그들의 요구와 필요를 충분히 읽어야 무슨 일을 도울지 결정할 수 있기 때문이다.

따라서 의사소통을 위한 외국어는 물론 다른 사람의 의견에 귀 기울일 수 있는 이해력과 포용력, 판단력들이 필요하다. 감정적으로만 공감하는 게 아니라 그들의 말을 통해 현실을 파악하는 통찰력과 그를 토대로 무엇을 할지 판단하는 능력이 필요한 것이다.

NGO 단체에 들어가려면

대기업 등과 마찬가지로 NGO 단체에서도 공채 등을 통해 인력을 충원한다. 다만, 기업체처럼 정기적인 채용을 하기보다는 수시로 빈자리가 생겼을 때 충원하는 편이다. 또 공개 채용보다는 알음알음으로 사람을 소개받는 경우도 많다.

따라서 NGO 활동에 관심이 많다면 미리부터 어떤 NGO들이 있는지 리스트 업을 해두었다가 그 기관들의 움직임에 대해 체크해봐야 한다. 자신의 이력서를 미리 제출해놓는 것도 한 방법이다.

NGO 정보를 알고 싶다면

막상 NGO에 관심이 있으면서도 구체적으로 어떤 NGO가 국내외에서 활동하고 있는지 모르는 경우가 있다. 상세한 정보를 알고 싶다면 '한국국제협력단(KOICA)'의 홈페이지(www.koica.go.kr)나 '한국해외원조단체협의회'의 홈페이지(www.ngokcoc.or.kr)에 가보면 된다. NGO 리스트는 물론 활동 무대와 국내 사무국의 연락처까지 확인할 수 있을 것이다.

창의적인 문제해결 능력이 필요

소중한 후원금을 모아 국제 사회를 위해 쓰는 일이다. 먼저 해외의 각 지역에 대한 상황을 파악하고 실제 현장에 나가 돌아본 후 현지인들과 협의하여 어떤 지원을 할지를 결정한다. 반복적으로 계속하고 있는 사업도 있지만 대개의 경우 후원금 현황에 따라 크고 작은 지원 프로젝트를 개발하여 추진한다. 따라서 지역 상황에 맞고 현지인들이 필요로 하는 사업을 기획하는 능력이 필수적이다. 창의적인 문제해결 능력이 필요한 것이다. 국제개발사업을 담당한 NGO 활동가가 어떤 기획을 하느냐에 따라 지역 주민들이 받는 혜택의 양과 질에 차이가 생길 수 있으니 더욱 중요하다 하겠다.

그리 높지 않은 연봉 수준 감수해야

봉사 직종으로 알려진 만큼 NGO들의 수입은 그다지 많지 않다. 일반적인 대기업과 비교한다면 턱없이 적다고 하겠다. 그네들끼리 하는 말로 먹여살려야 하는 처자식들이 있는 경우엔 버티기 어렵다고들 농담 삼아 이야기할 정도다.

그래도 그중에서 월드비전은 NGO 분야에서 '삼성'으로 통한단다. 장문희 과장의 경우 초임으로 2,400만 원을 받았다고 한다. 그 뒤로 꾸준히 인상되었고, 기본 생활은 가능한 수준이다. "사원들의 복지와 생계는 나 몰라라 하면서 남을 돕는 것은 합리적이지 않다"라는 게 월드비전의 방침이다.

국제개발 활동가 장문희가 강조하는
두 가지 필수조건

전문성과 사명감으로 똘똘 뭉친 우리가 간다!

글로벌 NGO들에게 국경의 의미는 없다. 인종이 다른 것도 문제가 되지 않는다. 오로지 자신의 도움을 필요로 하는 곳, 사람들이 있다면 달려갈 뿐이다. 언제 어디서 총알이 날아올지 모르는 분쟁지역도 난민들이 기다리고 있기에 목숨 걸고 간다. 하지만 아무나 갈 수 있는 건 아니다. 장문희, 그녀가 글로벌 NGO 활동에 꼭 필요한 두 가지를 일러준다.

첫째, NGO 활동에도 '전문성'이 필요하다.

봉사정신과 헌신만으로 NGO 활동이 가능하지는 않다. NGO 활동은 분명 자신의 권익이나 이익보다는 국제 사회에 기여하기 위한 봉사 활동임에는 틀림없지만, 그러한 활동을 제대로 수행하기 위해서는 상당한 전문지식이 필요하기 때문이다. 따라서 단순한 봉사정신만으로는 부족하고 전문성을 길러야 한다.

NGO에서 활동하는 사람들 중에는 국제학, 국제개발학 등의 전공자가 많은 편이다. 이러한 일반적인 NGO 관련 전공도 중요하지만 특수 전공을 한 경우 이점도 있다. 예를 들어 현지인들의 수요 및 욕구조사를 하는 데는 조사방법론적인 사회학이 활용되고, 긴급구호와 사후대책 마련 시에는 수질 및 지하수 전문가가 필요하기도 하다. 또 농업, 의학 전공자는 현지에서 보건 의료, 생업 지원 등에 큰 도움이 된다.

또 수질 관련 공학을 전공한다면 국제지역개발사업을 하는 데 상당한 전문가적 역량을 발휘할 수 있다. 후진국의 구호와 지역개발에 있어 물에 대한 지식은 절대적으로 필요하기 때문이다.

이처럼 기본적인 NGO에 필요한 공부 외에 특수 전공지식을 가지고 있다면 많은 도움이 된다. 특정 분야에 대한 전문지식을 가지고 있는 경우는 남과 다른 활동 영역을 만들어갈 수 있으니까 말이다. NGO 활동에도 제너럴리스트적인 역량과 동시에 스페셜리스트로서의 전문성을 확보한다면 보다 차별화된 인재로서 자리매김할 수 있다 하겠다.

둘째, 묻지도 따지지도 않는 철저한 '사명감'이 필요하다.

기본적으로 자기 일에 대한 사명감이 투철해야 한다. 처음엔 봉사에 대한 좋은 마음으로 시작했다가 중도에 힘들어서 포기하는 경우도 많다. 어떤 일이나 마찬가지겠지만 사명감이 뚜렷하지 않으면, 특히 NGO로서 오래 버틸 수가 없다. 상시적인 야근은 물론 잦은 해외 출장과 낯선 오지에서의 생활 등에 적응해야 하고, 무엇보다도 충분치 못한 급여 수준이 생계에 적지 않은 부담으로 작용할 수 있기 때문이다.

세상에 쉬운 일이 어디 있겠냐마는 NGO 활동이 쉬운 일이 아닌 것만은 분명하다. 따라서 NGO 활동을 자신의 업으로 삼기 위해서는 무엇보다 투철한 사명감을 확고히 해야 한다.

현실적인 어려움을 잘 견디고, 어려운 가운데서도 자신의 보람을 느끼고 성과를 만들어낼 수 있어야 한다.

자신의 안위나 평안함보다는 남을 위해 헌신하겠다는 각오가 서 있지 않으면, 수박 겉핥기식으로 대충 덤볐다가 중도에 그만두기가 쉽다. 묻지도 따지지도 말고 무조건 헌신하고 국제 사회에 기여하겠다는 미션만이 '내가 아는 한 가지'가 될 때 비로소 NGO로서 빛을 발할 수 있을 것이다.

《결정! 맛대맛》
《에드워드 권의 예스 셰프》의 방송작가

홍수연

극단적인 긴장의 끝은 어디일까?
힘들어 하다가도 나의 본능은 또 다시 나의 일을
다잡는다. 세상을 향해 건넬 말들이 아직도
내 안에는 많이 남아 있기에 편안한 일상에
안주하기보다는 더 많은 소통을 꿈꾼다.
소통에 대한 욕구가 나를 깨어 있게 하기에…

홍수연

1975년생. 13년차의 베테랑 방송작가. 대학교 3학년 때 방송국에서 아르바이트한 것을 인연으로 방송작가의 길로 들어섰다. 《좋은 세상 만들기》, 《결정! 맛대맛》, 《미스테리 특공대》, 《원더풀 투 나이트》 등을 맡았고, 《에드워드 권의 예스 셰프》를 진행했다. SBS에서 6년에 걸쳐 대장정으로 방송했던 그녀의 대표작 《결정 맛대맛》은 일본에 수출되었으며, 2009년에 방영된 《에드워드 권의 예스 셰프》는 동남아시아 지역에 수출돼 방송 중이다.

"치열한 방송 글쓰기가
내 삶을 깨어 있게 한다!"

맛있는 쾌걸 방송을 꿈꾸는 쾌걸 작가

쾌활한 목소리와 밝은 갈색의 긴 머리가 인상적인 홍수연 작가. 솔직한 입담에 강한 그녀는 과연 방송작가다운 '기'와 '끼'가 넘쳐보인다. 처음 만나는데도 마치 몇 년 동안 알고 지낸 동생처럼 친근하게 다가온다.

그녀는 새로 진행하게 될《왕자분식 1호점》과《이승연·이수근의 키친로드》를 준비하느라 바쁜 즈음이라고 했다. 그녀를 만난 건 지난 3월, 아직 방송이 시작된 게 아니라 준비하는 단계인데 작가가 벌써 바쁜가 하고 의아스러웠던 건 순전히 방송작가의 세계를 자세히 알지 못하는 나의 오해였다.

"이 프로는 작년 10월부터 기획하고 준비한 거예요. 기획안만 수십 번 다시 쓰고 기획에 필요한 인물 인터뷰는 물론 현지답사까지, 모든 걸 미리 다 파악하고 논의한 다음에야 대본에 들어가죠. 사실, 대본 쓰는 일은 아주 일부에 불과하답니다."

그녀는 음식 프로그램과 인연이 깊다. 더 정확히 말하자면 그녀의 영감은 모두 음식에서 비롯된다고나 할까. 특히 2009년에 방송되었던《에드워드 권의 예스 셰프》는 그녀의 대표작이기도 한 대박상품인《결정! 맛대맛》의 계보를 잇는 또 하나의 음식전문 프로그램이어서 더욱 기억에 남는다.

홍 작가는《에드워드 권의 예스 셰프》를 위해 2008년 10월부터 세부 기획에 참여해 PD와 호흡을 맞췄다. 2009년 설날 특집으로 요리 잘하는 연예인들을 섭외하여 방송한 결과 시청자들의 반응이 긍정적이어서 정기 방송으로 진행하게 되었던 것이다.

"기획 단계에서부터 직접 참여했기 때문에 더욱 애착이 가요. 오랫동안 음식이나 맛집 관련 프로그램을 주로 맡았기 때문에 음식 분야에 대한 전문작가라고 알려져 있어서 그 프로를 맡게 되었죠."

《에드워드 권의 예스 셰프》의 요리사 '에드워드 권'과의 인연은 처음이 아니었다. 먼저 그는 모두가 알다시피 대단한 미남이다. 몇 년 전에 홍수연이《결정! 맛대맛》을 할 때 한 번 같이 촬영에 임한 적이 있었는데, 그렇게 딱 한 번 작업을 같이 해보았을 뿐이었는데도 잊히지가 않았단다. 잘생긴 얼굴보다는 대단한 자신만의 포스를 지닌 사람으로 기억되었다. 그 뒤에 승승장구하여 두바이 7성급 호텔의 총주방장이 되는 것을 보고 "역시 대단한 사람이군" 싶었단다.

그를 《에드워드 권의 예스 셰프》에서 다시 만나니 반가운 마음이었다. 특히 홍수연은 에드워드 권이 우리 음식을 세계에 알리고자 하는 꿈을 가진 사람이라서 더욱 함께 일할 만한 사람이라고 했다.

《에드워드 권의 예스 셰프》는 현재 동남아시아 지역에 수출돼 방송 중인데다가 시즌 2를 준비하고 있기도 하다. 거기다가 새로 시작하는 《왕자 분식 1호점》과 《이승연 · 이수근의 키친로드》까지, 방송작가가 원래 바쁜 직업이라지만 요즘 그녀는 정말 눈 코 뜰 새 없이 바쁘다. 이처럼 프로를 맡아 바쁜 일정이 시작되면 그녀의 에너지 또한 하나로 집중된다. 오직 프로만을 생각하면서 말이다.

월 20만 원으로 버틴 초짜 작가에서 베테랑 작가로

"언니, 수연이도 방송작가가 되고 싶대요."

대학교 3학년 때였다. 《남자 셋 여자 셋》을 맡고 있던 대선배가 학교를 방문했을 때 친구들은 그 선배에게 그녀를 소개해주었다. 평소 방송작가가 되고 싶다고 주변에 알리고 다닌 덕분이었다.

선배의 도움으로 그녀는 졸업도 하기 전에 방송국에서 일할 수 있는 기회를 얻었다. 비록 월 20만 원밖에 안 되는 보수였지만, 방송일을 배운다는 기대로 힘든 줄도 모르고 감사한 마음으로 덤비던 시기였다.

아르바이트 기간이 끝나자 제작진은 그녀의 재주를 인정하여 계속 함께 일하기를 원했고, 그 결과 그녀는 대학도 마치기 전에 일찌감치 일자리를 얻어 사회생활을 시작할 수 있었다. 하지만 서러운 초짜 작가 시절이라 수입은 형편없었다. 그러나 그녀는 돈을 내고서라도 배워야 할 일을 교통비 정도의 보수이긴 하지만 돈을 받고 배울 수 있으니 오히려 좋은 기회라고 생각했다. 그렇게 노력한 결과 MBC 방송국에 소개를 받아 막내작가로서 한 프로를 맡을 수 있었다. 드디어 본격적인 작가생활을 시작하게 된 것이다.

"첫 단추를 너무 힘들게 껴서 그런지, 그 뒤로는 오히려 많이 힘들지 않았어요. 위기를 느끼거나 아무리 힘든 일이 있어도 '한 달에 20만 원 받고 날밤 새가면서 일하던 초짜 시절도 있었는데 이 정도쯤이야' 하면서 긍정적으로 생각했죠. 젊어서 고생은 사서도 한다는 말이 왜 있는지 알겠더군요. 그때의 힘든 경험이 오늘의 저를 만든 것 같아요."

혹독하게 밑바닥부터 일을 배운 그녀는 남들이 홍역처럼 치르는 방송작가 3년차 슬럼프도 크게 겪지 않고 성장할 수 있었다. 그 뒤에도 불규칙한 수입으로 가끔 위기가 있거나 성향이 너무 다른 PD를 만나 일하기 힘든 순간들이 몇 번 있었지만 끄떡하지 않았다.

그녀가 방송작가로 5년차쯤 되었을 때였다. 《삐삐 요리방》이라는 프로를 맡았는데, 연예인이 출연하여 소중한 사람에게 요리를 만들어 선물하는 프로였다. 그녀는 기존의 프로그램과 차별화를 시도하기 위해 힐튼호텔을 섭외하여 어렵게 오케이를 받아냈다. PD도 홍 작가를 다시 보는 듯한 눈치였는데, 복병은 엉뚱한 데서 튀어나왔다.

"그 회는 탤런트 이상아 씨가 출연하는 차례였어요. 그런데 녹화 바로 전날 힐튼호텔에 현지답사를 나갔는데, 호텔 측에서는 녹화 날짜를 잘못 알고 있어서 하나도 준비가 되어 있지 않는 거예요. 제가 보냈던 공문을 확인해본 결과 제가 요일을 잘못 썼더군요."

작가가 공문에 요일을 잘못 적어 녹화를 할 수 없게 돼버리다니. 결국 다른 방법을 찾아 방송은 차질 없이 나갔지만, 정작 그녀는 프로그램 하차라는 극단적인 선택을 했다. 빈틈없이 일하는 작가라는 이미지를 결정적으로 훼손해버렸다는 스스로에 대한 자괴감과 책임감을 견디지 못한 것이다. 그때의 뼈아픈 기억은 오래도록 남아 베테랑 작가가 된 지금까지 영향을 미치고 있다. 그녀가 초짜 작가들을 이끌어줄 때 가장 많이 하는 말이 바로 이것이다.

"얘들아, 공문 날짜 제대로 썼냐?"

사연을 미처 모르는 후배 작가들은 별것도 아닌 일을 재차 확인하는 홍 작가를 의아해하지만, 그녀는 이렇게 강조한다. 대형 사고는 항상 사소한 실수에서 비롯된다고 말이다.

홍수연, 그녀는 지금 당당한 쾌걸 작가가 되었지만 누구보다 힘겨웠던 초짜 시절의 기억이 아직도 생생하다. 그런 고된 경험들이 있었기에 치열한 방송가에서 자신의 자리매김을 굳건히 해올 수 있었던 것이다.

모든 방송작가가 그러하듯이 그녀 역시 경력이 쌓일 때까지 몇 년간은 불규칙한 수입, 불규칙한 스케줄 때문에 애를 많이 먹었다. 특히 경력이 짧은 시절에는 불규칙한 수입을 견뎌야 했다. 그러나 그 모든 과정

은 방송작가로서 살아남기 위해
선 반드시 거쳐야 하는 시간들
이다. 그런 시간을 이겨내고 자
리를 잡아야 그 이후의 비전
을 보장받을 수 있는 것이다.

처음엔 방송작가에 대한
무조건적인 열정을 가지고
덤비지만, 경력이 없는 초짜 시절을
수입도 없이 버티면서 3년쯤 되면 심각한 슬럼프가 오게 마
련이다. 이걸 무사히 넘겨야 방송작가로 자리 잡을 수 있다.

치열한 생활 속에서 스스로에게 주는 선물, 여행

홍 작가는 방송일이 스피드 싸움이라고 말한다.

"간발의 차이라도 상황이 벌어지고 나면 손실이 너무 크기 때문에 무
엇이든지 빨리 판단하고 결정해서 움직여야 하는 게 방송일이잖아요. 그
러다 보니 스피드가 굉장히 중요해요. 돌려서 말하고, 이럴까 저럴까 고
민하고, 길게 논쟁하는 것 자체가 소모전일 때가 많은 거죠."

또한 방송일은 시청률과의 전쟁이기도 하다. 매일 아침 출근하면 시청
률부터 챙기는데, 보통 막내작가들이 일찍 나와서 전날 방송된 프로그램

에 대한 시청률을 확인하고 해당 작가들이나 PD 등에게 문자로 날려준다. 시청률이 낮으면 프로그램을 만들어가는 데 외부적인 압력도 심해지고, 소신껏 작업을 해나가기 힘들어지는 게 사실이다. 일단 광고도 줄기 때문에 제작에 필요한 충분한 예산을 확보하기도 어렵다.

이렇게 극단적으로 빨리 돌아가는 방송 스케줄과 시청률에 대한 압박감 등에 시달리며 생활하다 보니 점점 직설적이고 날카로워지기도 한다. 또 치열한 방송 현장에서 날짜 가는 줄도 모르고 정신없이 지내다가 정든 프로그램이 끝나면 마치 딸을 낳아 시집을 보낸 것처럼 허탈해지기도 한다.

그럴 때 그녀는 혼자서 여행을 떠난다. 특히 6년 동안 몰두하던《결정! 맛대맛》을 끝내고 나서는 그 상실감에 무작정 오토 카에 기본적인 소지품과 세면도구를 싣고 전국일주 여행을 떠났다. 서른 셋, 자신에게 주는 선물이었다.

무작정 달리다가 날이 지면 유스호스텔을 찾아 잠을 자고, 날이 새면 다시 길을 떠나는 식이었다. 그때 그녀는 이곳저곳을 돌아보고 많이 느끼고 자유를 만끽했다. 다시 돌아왔을 때 그녀는 본연의 자신의 모습을 많이 회복할 수 있었다.

때로는 가까운 곳으로도 혼자 드라이브를 떠난다. 길고 짧은 여행은 늘 그녀 스스로에게 주는 선물이다. 또 고생한 만큼 자신을 다독이고 다시 의욕적으로 일에 매진하기 위한 채찍질이기도 하다.

"생활이 불규칙한 것은 방송일을 하는 모든 사람들이 공통적으로 느끼는 부분이겠지만, 그건 단점이자 장점이기도 해요. 시간이 날 때 확실하게 쉴 수 있으니까요. 저에게는 여행이 가장 큰 휴식이자 재충전입니다."

맛, 맛, 맛! 맛은 영원한 그녀의 뮤즈

대다수의 방송작가가 특정 분야에 대해 집중하기보다 그때그때 다양한 분야를 맡는 것과 달리 홍 작가는 음식 프로에 대한 애착이 남다르다.

평소에 직접 요리를 하는 것도 즐기고 맛집을 찾아다니는 게 취미이기도 한 그녀는 어렸을 때부터 어머니의 요리 과정을 유심히 관찰하곤 했을 정도다. 이렇게 음식에 대한 관심이 많은 그녀이지만, 프로를 진행하다 보면 음식 때문에 생기는 웃지 못할 해프닝도 많다.

"어머, 정말 맛있어요."

음식 프로를 맡은 작가로서 가장 많이 하는 일 중 하나는 전국의 맛집을 발굴하여 직접 가서 맛을 보는 일. 홍보 효과를 기대하고 정성껏 차려준 음식을 처음 맛보는 순간, 맛집 사람들의 시선은 온통 그녀에게 쏠린단다. 그러다 보니 배가 부르거나 입맛에 맞지 않는 경우에도 맛있게 먹어주어야 하는 고충이 따른다.

"일단 직접 먹어봐야 무엇을 소개할지, 어떻게 대본을 써야 할지 알 수 있잖아요. 한번은 삼겹살 특집을 준비하면서 한 달 내내 삼시 세끼를 삼겹살만 먹은 적도 있어요. 또 한번은 팥빙수가 아이템이었는데, 그때도 만날 빙수만 먹어댔죠. 마지막 날, 일을 끝내고 소개팅을 나갔는데 갑자기 배가 아픈 거예요. 만나자마자 화장실만 들락거리니까 그 남자는 자기가 마음에 안 들어서 그런 줄 오해하는 눈치더라고요. 차마 설사가 났다는 말을 할 수가 있어야죠. 결국 그 남자와는 잘 안 됐어요."

크고 작은 고충이 있지만 그녀는 앞으로도 음식 프로에 계속 집중하고 싶어 한다.

"구성작가는 대부분 특정 분야에 정착하지 않고 모든 분야를 상황에 따라 맡으면서 섭렵하는 편이에요. 그런데 전 음식 프로에 집중하다가 전문성을 갖게 되었고, 앞으로도 그런 전문성을 버리고 가진 않을 거예요. 전문 분야를 갖게 되면 저를 필요로 하는 시장이 좁아진다는 단점도 있지만, 역으로 또 다른 많은 기회를 잡을 수도 있다고 생각합니다."

음식 프로를 주로 맡은 덕분에 그녀는 단행본 서적을 출간하여 방송에서뿐만이 아니라 출판계에서도 작가로서의 기반을 다지기도 했다. 또 앞으로도 그러한 기회가 있다면 시도할 계획이다.

방송작가는 만능 엔터테이너가 되어야

흔히 방송작가라고 하면 방송 프로그램의 대본을 쓰는 사람이라고 생각하기 쉽지만, 현실 속에서 방송작가의 일은 그보다 훨씬 광범위하다. 단순히 글만 쓰는 것이 아니라 프로그램을 기획하고, 대본을 구상하

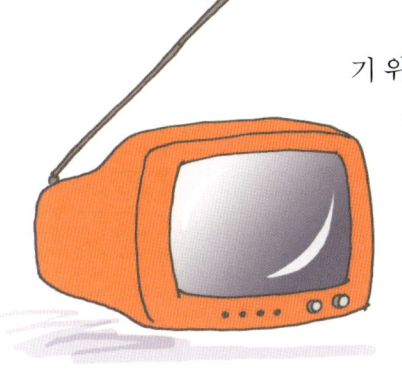

기 위한 자료를 조사하고, 사전 현지답사와 인터뷰를 하기도 한다. 그리고 PD와의 협의에 따라 작가가 직접 출연진을 섭외하거나 무대 세트나 의상에 대한 기획까지 제시하는 경우도 있다. 작가는 화면에 비치는 모든 부분에 대해 창의적인 안목을 발휘해야 하는 것이다.

작가는 모든 스태프 회의에 참여하고, 모든 구상과 의견에 대한 정리가 바로 대본으로 완성된다. 대본은 작가 혼자만의 창작물이라기보다 모든 스태프와 논의하며 함께 구상한 프로에 대한 최종 정리이자 요약인 셈이다.

작가의 역할이 글쓰기뿐만 아니라 인터뷰 등 모든 단계에 걸쳐 있다고 하더라도 구체적이고 최종적인 성과물은 바로 대본이기 때문에 방송작가는 일단 글을 잘 써야 한다.

단, 방송을 위한 글이란 어렵고 철학적인 글이라기보다 누구나 보고 듣고 바로 이해할 수 있는 글이라야 한다. 그러면서도 담아야 할 정보와 메시지를 충분히 전달할 수 있어야 함은 물론이다. 구성작가의 경우 특히 더 그러하다. 또한 방송 스케줄은 작가가 여유 있게 창작의 고뇌에 빠져 있을 여지를 주지 않는다. 따라서 방송작가는 대단히 신속하게 콘셉트를 잡아내고 순발력 있게 글을 써낼 수 있어야 인정받을 수 있다.

톡톡 튀는 감성과 촉촉한 감성 사이

방송작가라 하면 보통 드라마작가와 구성작가가 있다. 일반적으로 드라마 외에 연예 · 오락 · 교양 등의 프로그램을 담당하는 사람을 구성작가라 한다. 구성작가인 홍수연에게 드라마에 대한 관심은 없는지 물었다. 그녀는 성격상 드라마에는 처음부터 별다른 흥미를 갖지 못했다고 한다. 그러나 상당수의 동료 구성작가들이 드라마작가를 꿈꾸는 경우가 종종 있단다.

둘 다 똑같이 방송용 글을 쓴다는 공통점이 있지만, 분야는 완전히 다르다. 그렇다면 구성작가와 드라마작가는 어떻게 다른 것일까? 구성작가와 드라마작가에 대해 갖고 있는 홍수연의 담론은 이렇다.

첫째, 방송가에는 수백 개의 시놉시스가 떠돌아다닌다는 말이 있다.

구성작가는 방송 여부가 어느 정도 확실해진 상태에서 작업을 시작하는 데 비해 드라마작가는 먼저 작품을 완성해서 PD 등이 그 작품을 선택해 줘야 방송으로 연결될 수 있다.

물론 흥행 작가는 PD가 먼저 찾아오지만 대부분의 드

라마작가는 작품을 써도 PD의 선택을 받지 못하는 경우가 다반사. 그래서 방송가에는 수백 개의 시놉시스가 떠돌아다닌다는 말이 있을 정도다.

둘째, 구성작가와 드라마작가는 필요한 감성이 서로 다르다.

담당하는 매체와 프로그램의 성격에 따라 방송작가에게 필요한 감성도 조금씩 다르다. 먼저 라디오작가는 특히 글을 잘 쓰고 섬세한 감성이 필요하다. 라디오가 다른 매체에 비해 집중도가 높고 감성에 많이 호소하는 매체이기 때문이다. 들려주기만 하기 때문에 글의 완성도가 훨씬 중요하고 음악도 많이 알아야 한다.

텔레비전의 경우, 교양이나 시사 프로의 작가는 논리적이고 사회적인 관심도 많아야 하는 데 비해 예능·오락 프로 작가의 경우 트렌드를 반 발짝 앞서가면서 때로는 트렌드를 앞서서 예측할 수도 있어야 한다. 그만큼 순발력 있고 톡톡 튀는 감성이 중요하다.

셋째, 구성작가는 드라마작가를 꿈꾼다?

종종 구성작가가 드라마에 대한 동경을 가지고 있는 경우가 있다. 구성작가 출신으로서 드라마작가로 변신하여 성공한 대표적인 경우가 《모래시계》를 썼던 송지나 작가다. 송지나 작가 이후 구성작가가 드라마작가로 진출하는 경우가 많아졌다.

구성작가들의 경쾌한 감각은 보다 대중들에게 친근하게 다가갈 수 있는 드라마를 만드는 데 도움이 되기 때문에 구성작가 출신의 드라마작가들은 차별화된 강점을 지닐 수 있다.

방송일, 활동적이고 자극적이어서 더 매력적이다

홍수연이 수년 전 SBS에서 한 프로를 맡았을 때의 일이다. 한번은 무속인들을 대상으로 테마기획을 진행했었다. 방송 전 취재 과정에서 수많은 무속인들과 통화하고 만나는 작업이 필요했는데, 모두가 홍보 효과를 기대해서인지 적극적으로 협조를 해주었다. 그래서 몇몇 무속인들을 직접 방송에 출연시킬 생각으로 출연 제의까지 하게 되었다.

그런데 이전의 적극적인 협조와는 달리 모두가 고개를 절레절레 흔들면서 출연을 거부하는 것이 아닌가. 제의하는 사람마다 모두가 거절을 하자 홍수연은 의아한 생각이 들었다.

"아니, 도대체 왜 방송국에는 못 나오시겠다는 거예요?"

"방송국에는 원색적인 그림과 음악, 번쩍거리는 조명 등이 많잖어. 그게 다 귀신들이 좋아하는 거여. 방송국엔 귀신들이 많어. 그래서 안 가려는 거여."

"아니, 그럼 방송국에서 일하는 사람들은 뭐예요? 저 같은 사람은 어떻게 일하겠어요?"

"그러니, 니들이 보통 기가 센 사람들이 아니여. 방송작가도 사주가 아주 세! 우리 같이 신 내린 사람처럼 기가 아주 센 사주를 타고난 이들이여."

"헐!"

그녀는 뭐 무속 같은 것을 진지하게 믿지는 않기 때문에 가볍게 받아넘기긴 했지만, 방송작가 일이 기가 세야 한다는 점은 흥미롭고 공감이 갔다. 그만큼 방송작가 일은 열정적이면서 역동적인 일이니까 말이다.

"우리는 늘 새로운 프로를 접하고, 자료를 조사하고, 아이디어를 내고, 글을 써야 하잖아요. 안주할 사이도 없이 시간이 흘러가고, 프로를 맡고 있는 동안에는 개인 시간도 없을 때가 많아요. 그러나 고된 만큼 정말 다이내믹해요. 긴장과 스릴이 넘친다고 할까요? 그런 점이 스트레스로 여겨지는 사람들도 있겠지만, 적성이 맞는 사람에게는 오히려 떨치기 힘든 매력으로 다가오는 것이죠."

방송작가 일이 역동적이고 생활이 불규칙하다 보니 결혼해서 유지하기가 힘든 면이 많은 것도 사실이다. 홍 작가는 "제가 처음 방송작가 일을 시작했던 1990년대 후반만 해도 여자 방송작가 중 30대 중반 이후가 별로 없었어요"라고 토로한다.

초짜 시절을 거쳐 자리를 잡은 여성 방송작가들 경력이 6, 7년이 넘어감에 따라 수입은 늘어나지만, 그만큼 생각도 많아진다. "이 일을 평생 할 수 있을까" 하는 회의를 가질 때도 종종 있다. 결혼하고 아이를 낳은 뒤에도, 아니 평생토록 계속할 수 있을까 하는 회의가 들면서 슬럼프에 빠지는 경우도 많다. 자기 스스로 평생 해나가야 한다는 가치관이 분명히 세워져야 또 계속갈 수 있는 것이다.

여하간 최근에는 30대 중반 이후, 중년의 작가도 흔히 볼 수 있고 점점 직업의 수명이 길어지고 있다. 본인의 실력만 뒷받침된다면 앞으로 계속할 수 있는 일임은 분명하다.

신데렐라가 되려면 하녀 시절부터 시작해야

"애드리브 그만, 이제 액션 들어가야 해요!"

출연자들의 애드리브가 한창 재미를 더하다가 좀 심해진다 싶으면 홍 작가는 들고 있던 스케치북에 신속히 메시지를 써서 흔든다. 출연자들은 작가의 메시지를 보고 금세 상황을 파악한다. 그리고 대본에서 벗어난 애드리브를 멈추고 본래의 흐름으로 돌아온다.

"네, 이제 한번 맛을 보실까요?"

방송에서 출연자들의 감칠 맛 나는 애드리브는 시청자들에게 주는 일종의 서비스와도 같다. 너무 대본대로만 진행되면 시청자들이 지루할 수 있기 때문에 출연자들의 즉흥적인 애드리브는 양념과 같다. 그러나 애드리브에 치중하다 보면 원래의 기획의도와 큰 방향을 잃어버리게 되는 위험이 있다. 큰 방향은 처음 프로그램의 밑그림을 그리고 대본을 쓴 작가가 잡아줘야 할 부분인 것이다.

"정말 베테랑 작가라면 출연하는 연예인들의 성격이나 특성까지도 깊

이 이해해서 그들이 어떤 스타일의 애드리브를 할지 미리 예측해서 대본을 쓸 정도가 되어야죠. 서로에 대한 친밀한 이해가 정말 필요합니다."

방송작가는 대본을 다 썼다고 일이 끝나는 게 아니라 방송이 모두 끝날 때까지 긴장을 늦추지 못한다. 프로그램의 기획 단계서부터 방송이 끝나는 모든 과정이 방송작가의 영역에 걸쳐 있다.

방송작가 13년차에 들어선 홍 작가에게는 프로그램 기획력이 더욱 절대적인 자질이 된다. 경력이 많든 적든 기획력은 작가에게 필수불가결한 요소이지만, 경력이 많아질수록 기획력에 대한 중심이 커지는 것이다.

《에드워드 권의 예스 셰프》에도 기존의 성공작 《결정! 맛대맛》을 뛰어넘는 또 다른 야심작을 만들어내려는 홍 작가와 담당 PD의 기획 의도가 깔려 있었다. 그리고 그러한 기획 의도대로 수출에도 성공했고 말이다. 단순히 대표적인 음식 프로그램을 만들겠다는 의도를 넘어 홍 작가는 음식 외교를 잠재적인 전략으로 깔고 있다. 음식이 곧 외교가 될 수 있다는 거다.

"음식에 대한 애정도 남다른데다가 음식 프로를 오래 하다 보니 우리 음식문화를 해외에 전할 수 있는 프로그램을 만들어 수출하고 싶다는 꿈이 생겼어요. 저와 함께《에드워드 권의 예스 셰프》를 만들고 있는 에드워드 권도 두바이 7성급 호텔에서 총주방장을 맡고 있으면서도 한국 음식에 대한 관심이 남다르죠. 그런 점에서 뜻을 합할 수 있어서 좋았습니다."

그동안 좋아하는 일을 원 없이 해보았다는 그녀에게 방송일은 삶의 원동력이다. 정신없이 돌아가는 스케줄과 작업으로 생긴 극심한 스트레스조차 그녀의 일하는 즐거움을 빼앗지는 못하는 듯하다.

그녀는 앞으로도 음식 프로에 대해서 적극적인 관심을 가지고 집중할 것이다. 물론 다른 기회에도 열린 마음이다. 한 10년쯤 뒤에는 경치 좋은 곳에 펜션을 짓고 그곳을 찾아오는 사람들에 대한 이야기를 글로 써보고 싶단다. 아직은 막연한 것 같지만 하나씩 준비하면 구체적으로 실현되리라 생각한다.

그녀는 특히 후배들에게 "방송작가는 뒤늦게야 빛을 볼 수 있는 일"이라며, "처음 몇 년간은 적은 수입으로 연명해야 하기 때문에 긴 호흡을 견딜 수 있는 각오가 있어야 한다"고 강조한다. 어디 방송작가 일뿐이겠는가. 세상의 그 어떤 화려해보이는 일도 거저 얻어지는 것은 없을 테니 말이다.

　작가가 만난 커리어우먼들 모두 초라한 초짜 시절을 거치지 않은 사람은 단 한 명도 없었다. 신데렐라는 단순히 유리구두로 왕자를 잘 낚아서 화려한 인생을 거머쥘 수 있었던 게 아니다. 하녀처럼 구질구질하게 보낸 시절을 잘 버티었기에 기회를 얻을 수 있었다. 또한 하녀의 현실 속에서도 파티에 가고 싶은 꿈을 버리지 않았고, 그 기회가 왔을 때 무모하리만치 도전하는 도발적인 여성이었던 것이다.

　화려한 신데렐라를 꿈꾼다면 하녀처럼 초라하고 작기만 하던 초짜 시절 또한 불평 없이 내 것으로 기꺼이 받아 안을 수 있어야 한다. 언젠가 기회가 오면 날아오를 날개를 감추고서 말이다. 그런 사람에게 기회가 다가오는 것 아니겠는가.

정글 같은 방송 현장에서
치열한 자기관리로 생존해야

방송작가가 되는 길

대기업 공채처럼 방송작가를 뽑는 공채가 따로 있진 않다. 방송아카데미를 졸업했다고 해서 곧바로 방송작가로 취직이 되는 것도 아니다. 방송작가를 꿈꾸는 사람은 많지만 정작 방송작가가 되는 길은 공무원 시험이나 교사 임용시험처럼 구체적인 관문이 정해져 있지 않다. 그래서 방송작가의 길을 동경하다가 한낱 꿈으로 끝나는 경우도 많다.

현실적으로 대부분의 방송작가들은 학교 졸업 후 방송아카데미 등을 거쳐 방송국의 새끼작가, 서브작가 등으로 실무를 배우며 성장하다가 메인작가로 우뚝 서게 된다.

아카데미는 필수 과정?

보통의 경우 관련 아카데미를 거치는 게 필수 과정으로 인식된다. 그러나 아카데미의 초급에서 고급까지의 과정을 모두 이수한다고 해서 꼭 방송작가가 될 수 있는 것은 아니다. 단지 하나의 기초적인 교육과정을 끝낸 것에 불과하다.

그럼에도 불구하고 현실적으로 아카데미가 방송작가 입문에 많은 도움이 되는 것은 사실이다. 강사진이 모두 현역에서 방송일을 하는 사람들이기 때문에 교육과정을 통해 재능이 발휘가 된 지망생들을 기억했다가 기회가 생겼을 때 연락하는 경우도 많다. 아카데미 기간 동안 지망생들은 잠정적으로 테스트를 받고 있는 것이나 마찬가지다.

또한 아카데미를 수료하면 공중파나 케이블 방송국에 자리가 비었을 때 면접 등을 볼 수 있는 기회를 얻기 쉽다. 면접과 테스트를 통과할 수 있느냐 하는 건 순전히 본인의 몫이다. 또 면접을 통과해서 프로그램을 맡게 된 이후에도 일회성 프로그램을 해보고 끝날 것이냐, 장기적으로 진행되는 레귤러 프로그램을 맡을 것이냐 하는 것 역시 자신에게 달려 있다. 치열한 경쟁을 뚫고 작가로서 제대로 자리를 잡으려면 본인의 역량이 기본적으로 뒷받침이 되어야 한다.

갈수록 커지는 방송작가 시장

과거와 달리 최근에는 공중파 방송국 외에도 케이블 방송국, 프로덕션 등이 많아져서 방송작가에 대한 수요도 점점 늘어나고 있다. 특히 케이블 방송국이 많이 생겼기 때문에 방송작가가 활동할 수 있는 시장이 그만큼 넓어진 것이다. 단, 케이블 방송국의 프로그램은 공중파 방송에 비해 방송 기간이 짧아서 프로를 맡는다 해도 장기적인 수입원을 만들기가 쉽지 않다는 단점이 있다.

공중파 방송작가라고 해서 공중파의 방송만 맡는 것은 아니다. 공중파 방송을 주로 하는 방송작가도 때로

는 케이블로 가서 활동하는 경우도 있고, 종종 반대의 경우도 존재할 수 있다. 공중파 방송 작가의 경우 단기적으로 케이블 방송을 맡을 경우 오히려 높은 금액을 받는 경우도 많다. 두 개의 시장이 별도로 완전히 떨어져 있는 게 아니라 인력의 호환이 어느 정도 이뤄지고 있다고 볼 수 있겠다.

그러나 아직까지 인지도 측면에서는 극명한 차이가 존재한다. 예를 들어 공중파 방송국에서 신입을 구할 때 아카데미를 바로 수료한 사람이나 케이블에서 활동한 경험이 있는 사람이나 둘 다 비슷한 경력으로 간주하는 경우가 많다. 케이블에서 활동한 경력은 방송국 경력으로 인정해주지 않는 것이다.

치열한 자기관리가 관건

만인이 동경하는 데 비해 방송작가로서의 길은 만만치 않다. 먼저 불규칙한 생활 패턴, 숨 막히는 방송 제작 스케줄로 인한 스트레스의 연속을 이겨내야 한다. 또한 경력 7~8년차가 될 때까지는 불규칙한 수입도 감수해야 한다. 7~8년차가 넘어가야 겨우 대기업 수준의 연봉을 유지할 수 있다.

그러나 방송이라는 매체는 젊은 사람의 감각에 맞을뿐더러 영상시대의 꽃이기 때문에 대본을 쓰는 방송작가의 일 또한 지금보다 앞으로의 비전이 훨씬 탄탄하다고 할 수 있다. 일단 많은 경력을 쌓은 뒤에는 본인의 능력에 따라 대기업 연봉보다 훨씬 높은 수입을 확보할 수 있다는 점도 매력적이다.

치열한 자기관리와 절대적인 실력 증명이야말로 방송작가로서 살아남을 수 있는 유일한 길이라 하겠다.

"치열하게 살아남아야 하는
일이지만, 힘들다가도 힘든 만큼
다시 일을 사랑한다. 프로에 빠져
있을 때는 긴장을 즐기며 살맛나고,
프로가 끝나면 여유를 즐기며
또 살맛난다."

tip

베테랑 작가 홍수연이 전하는
방송작가로 살아남는 필살기

글만 잘 쓰면 작가 아니냐고? 천만에!

글은 기본적으로 잘 써야 하고 덤으로 많은 역량을 필요로 하는 방송작가. 정글이나 다름없는 거친 방송 세계에서 살아남으려면 '필살기' 하나쯤은 갖고 있어야 한다. 해마다 많은 이들이 방송국 문턱을 넘는다. 저마다 큰 꿈을 품고…. 하지만 그들 중 과연 몇 명이 10년 후에도 자신의 자리를 지키고 있을까? 혹독한 시간을 견뎌내고 베테랑 방송작가로 우뚝 선 홍수연이 말하는 '방송작가로 살아남는 전략'을 들어보자.

첫째, PD에 따라 카멜레온처럼 변신하라.

PD와 방송작가의 일은 서로 연결되어 있으면서도 다르다. 방송작가도 PD와 마찬가지로 방송의 준비 단계부터 기획하고 섭외하고 촬영을 준비하는 등 모든 과정에 참여한다. 다른 점이 있다면 방송작가는 하얀 도화지에 스케치를 처음 그리는 사람이라는 것이다. 그만큼 새로운 아이디어가 더 많아야 하고, 좀 파격적인 시도를 할 수 있어야 한다. 이에 비해 PD는 대중과 작가의 스케치를 연결하여 새롭게 포장하고 옷을 입히는 사람이다.

방송작가는 프로그램을 기획하는 단계에서부터 PD와 함께 움직인다. PD의 스타일에 따라 방송작가의 역할이 달라진다. PD에 따라선 출연자 섭외나 프로 아이템 기획, 기획안 작성 등을 작가가 모두 해야 할 때도 있고, 오히려 PD가 직접 하려고 들 때도 있다.

PD와 작가는 부부처럼 네 일 내 일이 따로 없이 함께 해야 하는 관계이므로, PD의 성향에 따라 카멜레온처럼 적응하면서 호흡을 맞출 수 있어야 한다.

둘째, 사람 만나는 걸 두려워하지 마라.

하나의 프로그램 대본을 완성하기 위해 작가는 수많은 사람들을 인터뷰한다. 대부분 처음 만나는 사람인데, 짧은 만남을 통해 많은 것을 파악해야 하는 작가로서는 상대방의 마음을 빨리 열 수 있어야 한다. 그렇지 못하면 취재원으로부터 많은 것을 얻어내지 못한다. 언제 어디서 누구를 만나더라도 스스럼없이 다가가고 편하게 대화할 수 있으려면, 먼저 나부터 사람을 만나는 일을 두려워하지 않고 만남 자체를 즐길 수 있어야 한다.

또한 취재원과의 만남을 일회성으로 끝내지 말고 지속적으로 만나면서 인간적인 유대를 쌓는 게 좋다. 사람을 좋아하면 자연스럽게 관계를 이어나갈 수 있다. 글쓰기에 관한 정보를 얻을 때도 단순히 책이나 인터넷 등으로만 조사하는 게 아니라, 알고 있는 모든 인맥을 동원하여 전화 인터뷰를 하고 조언을 구하면서 내가 몰랐던 정보를 캐내는 게 좋다. 예를 들어 하나의 맛집 사장님과 친하면 내가 모르는 숨어 있는 또 다른 맛집 정보를 덤으로 얻을 수 있다.

셋째, 정보를 빨아들이는 스펀지가 되라.

방송작가의 일은 정보와의 싸움이다. 프로그램을 진행하는 동안만큼은 해당 분야에 대해 전문가 수준으로 폭넓게 알고 있어야 한다. 예를 들어 음악 관련 프로라면 신속하고 집중적인 자료조사와 학습을 통해 누구를 만나도 음악 이야기를 나누며 인터뷰할 수 있을 정도는 되어야 한다. 흔히 "방송작가는 습자지처럼 넓고도 얇다"고 말하는데, 그만큼 짧은 시간에 필요한 모든 정보를 흡수할 수 있어야 하는 것이다.